LES PLAISIRS SECRETS
DE LA MÉNOPAUSE

LES PLAISIRS SECRETS

DE LA MÉNOPAUSE

CHRISTIANE NORTHRUP, M.D.

En consultation avec
Edward A. Taub, M.D., F.A.A.P.;
Ferid Murad, M.D., Ph.D.; et
David Oliphant

Traduit de l'anglais par
Josée Guévin

ADA
éditions

Syntonisez Radio Hay House à HayHouseRadio.com

Éditeur : François Doucet
Traduction : Josée Guévin
Révision linguistique : L. Lespinay
Correction d'épreuves : Carine Paradis, Nancy Coulombe
Montage de la couverture : Sylvie Valois
Photo de la couverture : © CharlesBush.com
Illustration de l'intérieur : Mark Hannon
Mise en pages : Sylvie Valois
ISBN 978-2-89565-913-6
Première impression : 2009
Dépôt légal : 2009
Bibliothèque et Archives nationales du Québec
Bibliothèque Nationale du Canada

Éditions AdA Inc.
1385, boul. Lionel-Boulet
Varennes, Québec, Canada, J3X 1P7
Téléphone : 450-929-0296
Télécopieur : 450-929-0220
www.ada-inc.com
info@ada-inc.com

Diffusion
Canada : Éditions AdA Inc.
France : D.G. Diffusion
Z.I. des Bogues
31750 Escalquens — France
Téléphone : 05.61.00.09.99
Suisse : Transat — 23.42.77.40
Belgique : D.G. Diffusion — 05.61.00.09.99

Imprimé au Canada

Participation de la SODEC.
Nous reconnaissons l'aide financière du gouvernement du Canada par l'entremise du Programme d'aide au
développement de l'industrie de l'édition (PADIÉ) pour nos activités d'édition.
Gouvernement du Québec — Programme de crédit d'impôt pour l'édition de livres — Gestion SODEC.

**Catalogage avant publication de Bibliothèque et Archives nationales du Québec et Bibliothèque et
Archives Canada**

Northrup, Christiane

Les plaisirs secrets de la ménopause
Traduction de: The secret pleasures of menopause.
ISBN 978-2-89565-913-6

1. Ménopause. 2. Femmes d'âge moyen - Sexualité. 3. Éducation sexuelle des femmes. I. Titre

RG186.N6714 2009   618.1'75   C2009-941124-5

Table des matières

Introduction

En quoi consiste la ménopause ? Un bref aperçu

À titre de gynécologue obstétricienne depuis plus de 30 ans, et donc au plus près de la santé des femmes, je connais à fond tout ce qui peut aller de travers dans le corps féminin. En fait, j'ai écrit trois livres sur le sujet dans le but d'offrir aux femmes de tous âges un plan d'action pour changer leur perception de leur corps : première étape vers une meilleure santé.

Dans le cadre de ma propre renaissance à la cinquantaine, j'ai décidé de consacrer la seconde moitié de ma vie à enseigner aux femmes tout ce qui peut aller *bien* dans leur corps, y compris comment éprouver plus de plaisir qu'elles ne l'auraient cru possible. Compte tenu de notre conditionne-ment culturel, qui veut que nous soyons vieilles à 50 ans et que nos plus belles années soient derrière nous, voilà une infor-mation qui représente un secret pour le moins libérateur!

La vérité est que les femmes de plus de 50 ans trouvent alors leur rythme de croisière. La cinquantaine marque le début des plus belles années de leur vie, incluant la meilleure phase de leur sexualité. À titre de spécialiste de la santé gynécologique, j'affirme que notre corps a été conçu pour connaître un plaisir illimité — et que d'éprouver ce plaisir sur une base régulière fait partie d'une bonne santé à tout âge.

Vous savez sans doute déjà ce que signifient la périmé-nopause et la ménopause — et vous connaissez trop bien les nombreux symptômes ainsi que les changements physiques qui accompagnent cette période de transformation! Mais revoyons-en brièvement quelques-uns ensemble afin de confir-mer ce que vous savez déjà et aussi ce à quoi vous attendre.

La ménopause (du grec *mênos*, qui signifie « mois » ou « menstrues », et *pausis*, qui signifie « cessation ») veut dire « la fin des règles ». L'âge moyen où les menstruations cessent est 52 ans, mais chez certaines femmes, la ménopause peut survenir dès 40 ans, et chez d'autres pas avant 58 ans (à quelques années près). Le processus de transition qui conduit au dernier cycle menstruel s'appelle la périménopause (du grec *peri* qui signifie «environ» ou «près de»).

La ménopause *n'est pas* une crise ni un trouble médical. Il n'y a pas lieu de s'inquiéter! La ménopause et la périménopause font partie d'un processus naturel qui comporte la cessation graduelle de l'activité ovarienne, et donc de la capacité de concevoir un bébé et d'accoucher, jusqu'à la fin de la phase normale de reproduction dans la vie d'une femme. Étant donné que ce processus dure en moyenne de 6 à 13 ans, la plupart d'entre nous le concevons comme une étape de la vie plutôt que comme un événement. Il demeure qu'une femme est officiellement ménopausée quand ses règles ont cessé de façon permanente depuis un an. Bien que la plupart d'entre nous se rappellent le jour précis où, à l'adolescence, leurs règles ont commencé, il n'y a aucun moyen de savoir à quel moment nous aurons nos dernières règles avant qu'une année entière soit passée. (Bien entendu, celles qui ont subi une hystérectomie le savent le jour même!)

Cette transition est causée par des changements dans le cerveau et dans le corps qui affectent les niveaux d'hormones, bien que toutes nos hormones ne diminuent pas au même rythme au cours de cette période. En fait, les niveaux d'œstrogènes demeurent presque les mêmes jusqu'à la dernière année de la transition, quoique le type d'hormones fabriquées par le corps change, lui. Bien que l'organisme continue de produire un peu d'*œstradiol*, au début de la périménopause, il se met à fabriquer relativement plus d'*œs-trone* (laquelle est sécrétée à la fois par les ovaires et les tissus adipeux, tout au long de la vie, mais la quantité varie énormément d'une femme à l'autre).

Nous avons tendance à penser que les œstrogènes sont les seules hormones qui manquent après la ménopause, mais en vérité, chez de nombreuses femmes, la progestérone et/ou la testostérone sont souvent trop en baisse également. La testostérone peut diminuer ou pas; chez certaines femmes, elle augmente d'ailleurs. La progestérone, quant à elle, diminue au cours de la périménopause et cause une bonne partie des désagréments. L'apport de progestérone (naturelle et non synthétique) aide souvent au début de la périménopause, lorsque les symptômes tels que l'irritabilité et les maux de tête sont essentiellement dus à la prédominance des œstrogènes. Elle contribue également à éviter les bouffées de chaleur aux derniers stades de la ménopause, sans doute parce que la progestérone est une hormone précurseur que l'organisme peut transformer en œstrogènes. Sans compter qu'elle peut aussi soulager l'angine de poitrine (douleur thoracique cardiaque).

Chez certaines femmes, les symptômes ménopausiques sont accablants, tandis que pour d'autres, la transition semble se faire plus facilement. Dans les deux cas, il faut savoir que les symptômes ne dureront pas. Ceux-ci sont à leur apogée durant la périménopause, puis s'atténuent et disparaissent habituellement complètement dans l'année qui suit les dernières règles.

Une gamme de symptômes

Voici la liste des symptômes les plus courants signalés au cours du «changement». Veuillez toutefois vous rappeler que toutes les femmes ne les éprouvent pas tous :

— *Les cycles menstruels irréguliers* sont le premier signe que la transition ménopausique a commencé, ce qui se produit typiquement de deux à huit ans avant la dernière menstruation. En fait, des femmes qui étaient réglées comme des horloges connaissent alors plusieurs mois d'interruption. Même si ces cycles irréguliers sont le signal que vous n'ovulez plus chaque mois, cela ne signifie pas que vous n'ovulez plus *du tout*. Vous pouvez encore devenir enceinte n'importe quand, car il faut une année complète sans règles pour considérer être ménopausée. Par conséquent, la contraception est essentielle si vous n'avez pas l'intention d'enfanter à cette période de votre vie. Et, croyez-moi, ça arrive ! Il faut tenir compte qu'une grossesse, après 50 ans, augmente les risques pour la mère et pour l'enfant.

— *Des menstrues plus légères ou plus abondantes* sont chose courante.

— *Les bouffées de chaleur* sont le symptôme préménopausique le plus courant, car jusqu'à 85 pour cent des femmes les connaissent, à des degrés divers. Ce symptôme atteint son point culminant vers la fin de la périménopause.

Beaucoup de femmes ont des bouffées de chaleur la nuit, suffisamment fortes pour perturber leur sommeil. (Les sueurs nocturnes se produisent habituellement entre 3 h et 4 h du matin chez la plupart des femmes, quoique celles qui se couchent très tard ou qui travaillent des quarts de nuit les éprouvent à des heures différentes.)

Les bouffées de chaleur et les sueurs nocturnes sont plus fortes chez les femmes sous stress émotionnel, ainsi que chez celles dont l'alimentation comporte une forte dose de sucres simples et d'hydrates de carbone raffinés (pâtisseries, bonbons, pain blanc, pommes de terre blanches, pâtes blanches, vin, spiritueux et bière). Elles surviennent également beaucoup plus fréquemment chez les femmes ayant subi une hystérectomie, avec ou sans ablation des ovaires.

— *Les sautes d'humeur*, comme l'irritabilité et la déprime, sont également typiques de la périménopause. Celles-ci sont particulièrement accablantes pour les femmes qui souffraient du syndrome prémenstruel.

— *L'insomnie*, même sans sueurs nocturnes, peut survenir durant cette période.

— *La confusion mentale* (ou avoir les idées embrouillées) n'est pas un signe de démence imminente, comme certaines femmes le craignent, mais plutôt un effet temporaire des transformations hormonales de la périménopause. Ces changements comprennent de la difficulté à se concentrer aussi bien que de légers troubles de mémoire. La situation ressemble à celle que de nombreuses femmes vivent après l'accouchement. Avoir les idées embrouillées vous oblige à reporter votre attention vers l'intérieur afin de pouvoir vous concentrer sur vous-même, pour changer!

— *Les palpitations* au cours de la transition ménopausique surviennent chez les femmes qui ont des niveaux plus élevés d'hormones de stress causées, entre autres, par des sentiments de peur et d'anxiété. Souvent, cela provient d'un traumatisme passé que vous avez maintenant la force de résoudre une bonne fois pour toutes. (Les palpitations peuvent également signaler un déséquilibre de la glande thyroïde.) Les douleurs thoraciques (angine) peuvent aussi se produire et sont liées à la fois aux hormones du stress et à l'insuffisance de progestérone.

— *Les migraines* peuvent survenir plus souvent durant la périménopause, habituellement (mais pas toujours) chez les femmes qui en souffraient déjà dans les jours précédant leurs règles. Les migraines sont souvent déclenchées par la chute de la progestérone.

— *La sensibilité des seins* peut survenir plus fréquemment chez les femmes qui la ressentaient avant leurs règles. (La sensibilité des seins est souvent le signe d'une carence en iode, également.)

— *La perte osseuse* peut être un problème, surtout chez les femmes qui ne s'alimentent pas bien et qui ne font pas d'exercice. (La perte osseuse est également le signe d'une carence en vitamine D.) Toutes les femmes doivent faire vérifier leur taux de vitamine D.

— *L'hypothyroïdie* qui ne présente pas de symptômes apparents et ne peut être diagnostiquée que par des tests appropriés affecte jusqu'à un quart des femmes à cette période de la vie. Chez plusieurs d'entre elles, elle est causée par une carence en iode. Pour le savoir, il suffit de badigeonner un peu d'iodure d'ammonium (aussi connu sous le nom d'Iosol) sur votre poignet le matin (disponible sur le site **www.TPCSdirect.com**). (Les femmes noires doivent l'appliquer sur un endroit de la peau où celle-ci est plus claire.) La partie badigeonnée devrait être encore visible au moment de vous mettre au lit le soir, 10 à 12 heures plus tard. Si l'iode «disparaît» avant ce délai, il se peut que vous ayez besoin de plus d'iode dans votre alimentation. Vous pouvez en trouver dans les légumes marins et les crustacés, ou alors, il faut prendre de l'Iosol régulièrement — une ou deux gouttes par jour ou tel que prescrit par votre praticien de santé. Le Modifilan est une autre source intéressante d'iode (**www.modifilan.com**), un extrait concentré d'algues biologiques. Revérifiez votre absorption d'iode toutes les six semaines par la suite. *Nota* : remettre les niveaux d'iode à la normale peut réduire le besoin d'hormones thyroïdiennes ; par conséquent, assurez-vous de surveiller leur niveau.

— *Les fibromes utérins bénins* (tumeurs non cancéreuses constituées de tissu musculaire et conjonctif) se développent chez environ 40 pour cent des femmes.

— *Les changements dans les pulsions sexuelles* sont fréquents également. Contrairement à la croyance populaire, la transformation hormonale de la ménopause ne diminue pas la libido chez les femmes en bonne santé. Pour certaines, toutefois, une chute de progestérone due aux médicaments, à une chirurgie, ou à l'épuisement des glandes surrénales peut affecter le désir sexuel. Des changements dans les niveaux d'œstrogènes diminuent aussi parfois le désir chez certaines femmes, en plus de causer de la sécheresse vaginale et de l'irritation qui rend le rapport sexuel douloureux. (Je signale au passage que ce problème peut facilement être atténué grâce à des crèmes lubrifiantes ou des crèmes d'œstrogène topiques disponibles sur ordonnance.) Pour les femmes qui ont atteint le cap d'une année sans règles et qui sont donc ménopausées, la libération de l'inquiétude d'une grossesse non désirée peut en fait *favoriser l'augmentation* des pulsions sexuelles.

La chimie cérébrale se transforme également à la cinquantaine et modifie notre façon de penser, de même que de traiter l'information. Par exemple, les femmes de cinquante ans découvrent souvent que non seulement elles sont plus sensibles à l'injustice et au manque d'équité, mais qu'elles diront plus facilement ce qu'elles en pensent. Comme le lobe temporal du cerveau est plus souvent sollicité, notre intuition se développe davantage. Toutefois, contrairement à la plupart des symptômes signalés dans la liste qui précède, les transformations de la chimie cérébrale sont plus ou moins permanents : un signe que nous grandissons réellement en sagesse avec l'âge.

Vous découvrirez peut-être aussi que vos pulsions créatrices augmentent, car votre énergie vitale ne sert plus à avoir vos règles et à procréer. Vous avez puissamment envie de créer autre chose − que ce soit de rédiger un journal personnel de poésie, d'avoir un cahier de croquis ou de démarrer une nouvelle entreprise. Des rêves et des sentiments enfouis refont surface, accompagnés d'une passion renouvelée. Un peu comme si votre âme vous disait : *Et moi, alors ? Quand est-ce que ce sera mon tour ?* Si vous ne donnez pas suite maintenant à vos désirs et à vos rêves secrets et les refoulez à la place − habituellement par crainte de perturber ou de déranger les membres de votre famille − les symptômes de la ménopause risquent de vous sembler plus difficiles à vivre. Mais ce n'est pas tout. Vous pourriez également vous diriger vers des ennuis de santé plus tard.

Ce qu'il faut retenir, c'est qu'après la ménopause, nous, les femmes, sommes conçues pour être davantage en contact avec ce qui nous tient le plus à cœur, et nos corps agissent à la manière de baromètres extrêmement précis qui indiquent dans quelle mesure nous vivons en harmonie avec nos désirs profonds. Lorsque nous ne vivons pas en accord avec ce que nous voulons vraiment, un petit rappel nous signale de faire les changements nécessaires afin de nous remettre en piste. Si nous n'y prêtons pas attention, le petit encouragement risque de se transformer en urgence !

Souffrir n'est pas inévitable

L'intensité des symptômes physiques et émotionnels durant la périménopause dépend de l'équilibre du bien-être que vous avez su maintenir ou pas dans votre mode de vie au cours des années précédentes. Réfléchissez : votre corps vous a donné environ 40 ans pour vous prendre en main. Durant l'adolescence, la vingtaine et la trentaine, le corps pardonne beaucoup. Si, au cours de ces années, vous êtes trop stressée, que vous travaillez trop ou que vous buvez trop ; si vous fumez, que vous ne faites pas assez d'exercice et que vous ne surveillez pas votre alimentation, vous pouvez quand même conserver une santé relativement bonne. Mais à la cinquantaine, vous ne pourrez plus vous en tirer aussi facilement et vous risquez d'en payer le prix. Alors, pourquoi ne pas faire les changements qui s'imposent dès maintenant ? Les femmes qui appréhendent la ménopause dans un état de manque affectif et de carence nutritive souffrent typiquement des symptômes préménopausiques les plus intenses, sans compter que leur santé décline avec l'âge. En revanche, des études démontrent que les femmes qui se sont bien alimentées, ont fait de l'exercice régulièrement et ont bien pris soin d'elles n'ont pas tendance à souffrir de perte osseuse, à voir leur libido diminuer, à avoir des ennuis cardiovasculaires, à faire une dépression, à connaître des troubles de mémoire et tous les autres petits soucis courants de la ménopause. Bonne nouvelle, n'est-ce pas ?

Votre esprit tient également un rôle-clé dans votre adaptation à la transition. Votre attitude, vos pensées, vos croyances et vos attentes ont un effet majeur sur la façon de traverser la ménopause. Permettez-moi de vous parler des femmes de la tribu Kung dans le sud de l'Afrique. Ces femmes jouissent d'un statut social plus élevé après la ménopause ; c'est ainsi que plutôt que de craindre cette transformation, elles ont hâte de la voir arriver. Toute leur culture est en accord avec cette croyance. Pas étonnant que les Kung n'aient pas de symptômes ménopausiques ; d'ailleurs, l'expression « bouffées de chaleur » n'a pas d'équivalent dans leur langue !

Changer notre perception de la cinquantaine

Selon la croyance courante et de longue date dans notre société, la ménopause signifie le début de la vieillesse, et c'est la raison pour laquelle le corps serait programmé à commencer à dépérir. Alors qu'en réalité, rien n'est plus faux. Vous faites simplement l'expérience de ce que j'appelle « se défaire pour mieux se refaire ». Le meilleur est à venir !

La transformation ménopausique est le signal qui vous appelle à faire les changements nécessaires pour vous garder en contact avec votre force vitale (parfois appelée *chi* ou *prâna*). La vérité au sujet de cette période de la vie est que lorsque vous avez le courage de changer vos croyances et vos comportements de manière à dire ce que vous pensez et à oser cultiver le plaisir plutôt que le stress, vous avez le pouvoir de vous créer une vie débordante de joie, d'abondance et de santé. Tout cela veut forcément dire connaître la meilleure sexualité de votre vie... N'est-ce pas une magnifique perspective !

Chapitre 1

Ce n'est pas fini !

Le terme de nos années reproductrices représente peut-être la fin d'une saison de la vie, mais cela ne veut certainement pas dire que tout est fini et que nous sommes fichues — loin de là ! Bien que cette vision des choses ait prévalu pendant de nombreuses décennies, la seule chose qui prend véritablement fin à la ménopause c'est la capacité de concevoir un enfant de façon naturelle. (J'utilise les termes *de façon naturelle* parce que, grâce aux plus récentes découvertes scientifiques, des femmes ménopausées peuvent — avec l'aide de la technologie — devenir enceintes et même accoucher !)

Plutôt que d'être la fin de quelque chose, la ménopause est en fait le début d'une toute nouvelle prise de pouvoir. C'est le printemps de la seconde moitié de la vie, et ce que beaucoup de femmes découvrent, c'est qu'il s'agit de la *meilleure* des deux!

Même si la ménopause n'est pas la fin, il se peut qu'on la ressente ainsi. La raison en est simple — dans l'histoire de l'humanité, la ménopause représentait *effectivement* la fin pour bon nombre de femmes. Au début du XXᵉ siècle, l'espérance de vie moyenne des femmes était de 40 ans.

L'autre raison pour laquelle la ménopause peut ressembler à une fin, c'est parce qu'elle correspond à une époque où bon nombre d'entre nous ressentent le besoin de se défaire de ce qui ne nous convient plus. J'entends par là un emploi, une relation de couple, ou un mode de vie qui ne concorde plus avec l'épanouissement que nous vivons. Nous libérer du passé demande de la foi et est rarement facile. Mais d'après l'auteur Joseph Campbell : «Il faut consentir à nous débarrasser de la vie que nous avions planifiée, afin de vivre celle qui nous attend».

Et il se trouve qu'une *bonne tranche* de vie nous attend après la ménopause. La longévité moyenne des femmes est aujourd'hui de 80 ans! Non seulement nous vivons plus longtemps, mais en meilleure santé que jamais. Le taux de cancer est moins élevé depuis 1991 et le nombre de femmes qui meurent de maladies cardiaques a diminué cinq années d'affilée pour la première fois dans l'histoire. Si une femme atteint ses 50 ans sans cancer ni cardiopathie, elle peut s'attendre à vivre jusqu'à 92 ans. Si la tendance se maintient, un jour viendra où les femmes vivront plus longtemps après la ménopause qu'avant celle-ci !

Nul besoin non plus de craindre la sénilité dans nos dernières années de vie. Une étude présentée à la réunion de la *Society for Neuroscience* en 2006 a indiqué que si on lui donne l'entraînement approprié, le cerveau d'une personne de 85 ans peut fonctionner aussi bien que celui d'une personne de 30 ans. Voilà une bonne nouvelle !

Ce qu'il faut retenir, c'est que le déclin physique et mental n'est pas une conséquence naturelle du vieillissement, comme on nous l'a fait croire. C'est plutôt la conséquence de nos croyances culturelles au sujet de la vieillesse et du choix de notre mode de vie. Heureusement, ces croyances changent rapidement, car un nombre record de femmes baby-boomers atteignent présentement la cinquantaine. Suivant des estimations du Bureau du recensement américain, un adulte sur cinq aux États-Unis est une femme de plus de 50 ans.

Regardez bien autour de vous et vous verrez ce que je veux dire : les femmes plus âgées n'ont jamais été plus équilibrées émotionnellement, plus puissantes financièrement, ni plus belles et sexy que maintenant !

Mieux encore, de moins en moins de femmes ont besoin d'en être convaincues. Presque six femmes sur dix, entre 50 et 70 ans, aiment ce qu'elles voient dans le miroir, suivant une recherche faite par Marti Barletta, publiée dans *PrimeTime Women*. Non seulement cela, mais 82 pour cent des femmes de ce groupe d'âge se sentent beaucoup plus jeunes que leur âge réel, et 59 pour cent croient que leurs plus grandes réalisations restent à venir. Il est clair que l'image de la femme ménopausée ressemblant à une vieille pomme ne tient plus la route.

J'en ai pour preuve ma propre mère, Edna, âgée de 82 ans. À la fin de la soixantaine, elle a parcouru à pied toute la piste des Appalaches. À 70 ans, elle a passé trois mois à faire de la randonnée pédestre et du kayak en Alaska. Quelques années plus tard, elle a grimpé les 200 plus hauts sommets de Nouvelle-Angleterre avec son amie Anne, de trois ans son aînée. Et il y a quelques années, elle a escaladé le Mont Washington et est allée faire de la raquette dans le nord du Vermont avec une amie de 90 ans. Je commence même à me demander si elle a vraiment franchi le cap de la cinquantaine en fait!

Accoucher de nouveau

L'inconfort physique et affectif que beaucoup d'entre nous éprouvons à la périménopause correspond, en fait, au travail douloureux d'accoucher de notre nouveau moi, lequel est meilleur que jamais. Plutôt que de dépenser notre énergie pour les autres et tout ce qui nous entoure, comme nous le faisions en élevant notre famille et en construisant notre carrière, nous sommes dorénavant appelées à concentrer cette énergie sur nous-mêmes.

Si vous n'arrivez pas à vous imaginer faisant passer vos propres besoins avant ceux des autres, voyez les choses de la façon suivante : ce n'est pas pour rien que les agents de bord expliquent aux adultes voyageant avec de jeunes enfants qu'au besoin, ils doivent installer leur masque à oxygène *avant* de le mettre à leurs enfants. Impossible d'aider *qui que ce soit* si vous ne prenez pas soin de vous-même d'abord. Si vous ne le faites pas, *tout le monde* y perd.

Pour les femmes qui prennent grand plaisir au défi, à la satisfaction et même à l'admiration provenant du fait qu'elles sont le centre de leur famille, il peut en effet être difficile de quitter cette position. Vous gagnerez à prendre conscience qu'en renouvelant votre rôle et en lâchant une partie de votre contrôle sur la famille, vous donnerez l'exemple à vos enfants devenus grands. C'est tellement merveilleux d'offrir à nos filles (nos brus, nos petites-filles ou nos nièces) un modèle de quinquagénaire qui favorise la liberté, la réalisation de soi et le plaisir, plutôt que d'être coincée dans le devoir et les corvées.

Voudriez-vous que vos enfants se retiennent de devenir ce dont ils sont pleinement capables ? Bien sûr que non ! Il en va de même pour vous.

Naître de nouveau peut entraîner quelques perturbations. Cela signifie parfois rompre le statu quo, bouleverser les conventions, et dire non quand nous aurions habituellement dit oui (ou vice-versa). Une bonne partie de cette transition consiste à nous libérer de tout ce qui ne nous convient plus, c'est-à-dire des rôles et des relations qui nous retiennent et nous drainent plus d'énergie que nous n'en recevons.

Voici un exemple tiré de ma propre vie : j'ai acheté une Mustang décapotable pour mon plaisir, mais par beau temps, ma fille voulait la conduire aussi. Alors, je la lui laissais. Comme maman, j'aime lui faire plaisir, mais toujours céder à sa demande signifiait que je n'avais moi-même jamais la chance de conduire la capote baissée ! Je me suis rendu compte qu'en agissant ainsi, j'étais allée trop loin dans le sacrifice de soi. Alors, j'ai rapidement décidé de conduire ma décapotable chaque fois que ça me chante et j'en suis ravie !

Tout ce qui ne nourrit pas notre âme et ne nous donne pas le sentiment de vivre pleinement doit être dorénavant écarté de notre vie. Il n'y a plus de place pour cela à présent. Tout ce que nous pensons, disons et faisons à partir de maintenant nous permettra soit d'avoir une vie active, passionnée et joyeuse, soit accélérera la dégénérescence en augmentant les risques de mauvaise santé et de maladie. À nous de choisir.

Sachez également que ce tri émotionnel ne se fait pas en une fois. Cela devient un nouveau mode de vie. Dès que vous constatez que quelque chose ne vous convient plus, vous avez toujours la possibilité de faire un nouveau choix qui correspond davantage à vos aspirations.

Le feu purifiant de la colère

Les émotions violentes accompagnent typiquement la transition de la cinquantaine. L'une de celles qui nourrit cette renaissance personnelle est la colère. Celle-ci est un signe que vous avez dû supporter des choses qui ne vous ont pas pleinement comblée — et que vous n'avez plus envie de tolérer. La colère des femmes de cinquante ans fait souvent l'objet de plaisanteries. Mais, croyez-moi, cette colère équivaut à du carburant d'avion — elle est l'énergie nécessaire pour vous propulser dans votre nouvelle vie.

L'une des raisons pour lesquelles la colère fait surface est que nous ressentons un besoin presque féroce d'avoir notre mot à dire et d'être écoutée — parfois pour la première fois depuis des décennies. Beaucoup d'entre nous ont étouffé leur vraie voix quelque part dans l'adolescence, alors que nous étions plus préoccupées de rentrer dans le rang, de trouver notre place et de suivre les règles. Maintenant que nous redéfinissons qui nous sommes, nous ne pouvons plus mettre le couvercle par dessus ce qui nous contrarie, et avec raison. Bien que nous soyons portées à penser que la colère est un sentiment négatif, au cours de la transition de la cinquantaine, elle peut être perçue comme une mesure de la puissance de notre force vitale. En fait, si les symptômes de la périménopause sont les douleurs du travail qui précèdent l'accouchement de notre moi authentique à la cinquantaine, alors la colère représente le cri de notre moi nouveau-né qui vient au monde.

Le pouvoir de la passion à la cinquantaine

La passion est une autre émotion que nous libérons souvent avec une intensité renouvelée à cette période de la vie. De nombreuses femmes ressentent à la cinquantaine un enthousiasme grandissant pour des activités qu'elles avaient jusque-là laissées en plan et signalent que leur vie a commencé à changer pour le mieux dès qu'elles ont entrepris des projets qui leur plaisent. Il peut tout aussi bien s'agir de la lecture, d'aller au cinéma avec des amies, de voyager, de faire de l'équitation, de créer des œuvres d'art, d'aller marcher dans la nature, d'écrire de la poésie, et même de réaménager leur intérieur (autrement dit, n'importe quoi d'agréable qu'elles n'ont jamais pris le temps de faire). Cela peut être aussi du bénévolat pour une cause qui leur tient à cœur. Il y a quelque chose de vivifiant et de revigorant à mettre des efforts au service du bien de tous. Et, croyez-le ou non, la sensation agréable de donner peut se répercuter dans notre vie sexuelle !

Se permettre de vivre nos passions représente une partie importante du passage de la cinquantaine, parce que cela nous aide à nous connecter à un niveau affectif et spirituel plus profond à notre moi renouvelé qui émerge. Ces activités ne sont pas un luxe. Faire ce que l'on aime et qui procure du plaisir nourrit notre force vitale. C'est définitivement le moment d'aller là où notre cœur nous porte, comme on dit.

Il y a quelque chose de fondamentalement important que vous devriez savoir au sujet de ce qui se passe quand vous faites cela : les femmes qui s'appliquent à conserver une force vitale puissante et passionnée attirent comme un aimant les personnes et les circonstances inspirantes. (Les statistiques indiquent qu'elles ajoutent ainsi environ huit années à leur vie !) Donc, tandis que vous prenez plaisir à toutes ces belles choses de la vie, vous envoyez en même temps le signal qui dit à l'univers : *J'adore la vie, et plus je l'aime, plus les bonnes choses se présentent dans ma vie !* L'univers réagit toujours, car tout ce à quoi vous donnez de l'attention grandit. Et lorsque vous veillez à mettre des choses positives et plaisantes dans votre vie, vous ouvrez le canal par lequel encore plus de bonnes choses entreront. C'est aussi simple que cela.

En fait, ce sentiment d'être amoureuse de la vie est absolument essentiel si vous voulez vivre une relation passionnée et satisfaisante avec un partenaire. Après tout, vous ne pouvez pas donner ce que vous n'avez pas. Ranimer la passion, l'enthousiasme et l'excitation dans tous les aspects de votre vie vous aidera également à augmenter l'ardeur dans votre relation actuelle, ou à attirer un conjoint avec lequel vous pourrez avoir une relation ardente. Autrement dit, avant de pouvoir vivre une relation passionnée avec quelqu'un, vous devez déjà en vivre une avec vous-même et avec votre vie.

Voici pourquoi la passion est une clé essentielle de votre vie. Lorsque vous accueillez la joie et le plaisir, vous êtes davantage en contact avec votre vrai moi, et c'est celui-ci qui attirera les autres vers vous. Ce moi authentique est puissant, merveilleux et carrément enivrant pour ceux et celles qui vivent comme vous le même degré de passion. (Et, croyez-le ou non, votre véritable essence est beaucoup plus attirante que la personne que vous croyez que vous devriez être ou que celle à laquelle vous voudriez faire croire!) Donc, comme les autres personnes amoureuses de la vie dégagent elles aussi leurs signaux inspirants, vous serez en mesure de les repérer aussi sûrement et facilement qu'elles vous reconnaîtront. Qui se ressemble s'assemble. C'est l'une des lois de l'univers!

Je désire insister sur le fait qu'il n'y a pas d'âge limite pour vivre une relation passionnée — incluant une relation sexuelle. Bien que la société tende à nous faire croire que la ménopause signifie la mort du désir sexuel, cette façon de penser est dorénavant désuète. Tant que nous sommes en bonne santé physique et affective, il est également possible d'avoir une vie sexuelle palpitante. Traverser la ménopause ne diminue pas le désir sexuel chez les femmes en santé et heureuses. En fait, le premier indice d'une bonne libido à la ménopause consiste à avoir un nouveau partenaire sexuel — même dans le cas des femmes qui n'ont jamais connu une sexualité exaltante jusque-là.

Cela ne signifie pas de rompre avec votre conjoint. Cela veut dire *devenir* vous-même une nouvelle partenaire. Dans la mesure où votre tête et votre cœur sont consentants, votre corps suivra.

Une autre clé importante pour vivre une sexualité saine, quel que soit votre âge, c'est de savoir que n'importe quelle femme peut apprendre à stimuler son désir. C'est vrai! Mais ce n'est pas quelque chose qui est réservé au lit. Le désir sexuel débute par une idée, puis est nourri par nos pensées et nos attitudes, autant que par n'importe quel geste ou réaction physique. Il n'est pas nécessaire d'avoir le corps d'une jeune femme pour être sexy et désirable. Il suffit de commencer à vous percevoir comme une femme désirable! Comme le dit le chercheur en sexualité humaine, Gina Ogden, Ph.D., « L'estime de soi est la mère du désir sexuel et ce désir peut mûrir avec l'âge, comme un bon vin ».

Quand vous avez le courage de traverser le feu purifiant de la périménopause, vous émergez alors dans l'autre partie de la vie qui vous attend impatiemment.

Et vous découvrez que c'est encore mieux que vous n'auriez pu l'imaginer!

Chapitre 2

Éprouver un plaisir illimité

Nous sommes nés pour éprouver du plaisir et une joie sans fin : c'est le droit légitime des êtres humains. Rechercher le plaisir et nous permettre aussi d'en recevoir sur une base régulière sont deux aspects absolument essentiels pour créer et conserver une santé physique et émotionnelle éclatante. C'est exact — rechercher des sensations agréables *n'est pas* une complaisance. C'est plutôt une nécessité positive ! Le plaisir sous toutes ses formes nourrit littéralement la force vitale (le *chi* ou *prâna*), de la même façon qu'on alimente le feu en rajoutant une bûche.

Pensez à la dernière fois où vous avez réellement éprouvé du plaisir, et où ce sentiment lumineux vous a envahie. C'était peut-être en savourant un exquis morceau de chocolat, en humant le parfum de l'air salin sur la plage, ou en jouissant d'un bon massage dans le dos. Chacun possède son registre du plaisir, et vous pouvez compter sur vos sens pour vous le signaler quand il se présente. Rappelez-vous l'intensité de votre plaisir. (Si vous n'arrivez pas à vous souvenir de la sensation éprouvée lorsque vous vous perdez dans le bien-être, passez cinq minutes avec un enfant de deux ans.) Lorsque vous baignez dans la joie du plaisir, vous renouvelez au même moment vos cellules, activez votre circulation sanguine et créez de la santé à tous les niveaux : corps, esprit et âme. En fait, vous éprouvez probablement une douce sensation en ce moment même, simplement en revivant ce merveilleux souvenir !

Une autre façon de comprendre le pouvoir du plaisir sur la santé consiste à imaginer ce qui se passe quand vous n'en éprouvez pas. Songez à une époque où vous étiez totalement épuisée. Vous aviez l'impression de patauger dans le vide, n'est-ce pas ? Eh bien, c'était précisément le cas ! Vous ne manquiez pas seulement d'énergie, mais de force vitale également. Celles-ci se distinguent de la façon suivante : l'énergie représente ce qu'il faut pour vous rendre au bout de la journée, et la force vitale, ce qu'il faut pour donner de l'élan à vos pas. Voyez-vous la différence ?

Comme le plaisir nourrit votre force vitale, vous êtes naturellement attirée par celui-ci depuis votre conception divine.

Votre corps est d'ailleurs programmé pour la joie! Mais avant d'aller plus loin, permettez-moi d'expliquer ce que le plaisir *n'est pas*. Le plaisir ne consiste pas à vous enivrer ni à vous droguer, pour ensuite poser des gestes que vous regretteriez le lendemain. Et le plaisir ne signifie pas non plus renoncer à votre famille et à votre emploi pour aller vivre dans un spa, ou vous enfuir sur une île déserte. Même si se laisser aller de temps en temps peut procurer un bien-être temporaire qui libère la tension, se droguer, s'enivrer ou s'empiffrer de sucre n'offre pas un plaisir durable et n'améliore pas la santé. Vous risquez de vous sentir plus mal qu'avant. Fuir les responsa-bilités et faire preuve d'imprudence physiquement, émotion-nellement ou même financièrement sape en fait votre capacité d'alimenter des sentiments positifs.

Quand je recommande la recherche du plaisir, je parle d'apprendre à reconnaître et à valoriser les choses qui vous procurent une joie durable, puis de les intégrer dans votre vie délibérément et régulièrement. Pensez-y un instant : vous avez été conçue dans l'orgasme, soit le plaisir le plus exquis dont les humains sont capables. Depuis cette pers-pective, comment le plaisir n'aurait-il *pas* un rôle essentiel dans le fonctionnement optimal du corps?

Pourquoi le plaisir et la santé sont-ils liés?

De la même façon qu'une pièce mécanique fonctionne mieux quand elle est bien huilée, vos organes (et le reste de votre corps) sont en meilleur état lorsque vous avez des pensées et éprouvez des émotions qui vous procurent du plaisir, ou quand vous vous adonnez à des activités agréables. C'est vrai de plusieurs façons.

D'abord, éprouver du plaisir améliore le flux sanguin. Or, un bon flux sanguin est important parce qu'il apporte les nutriments à toutes les cellules de l'organisme tout en le débarrassant des déchets. C'est comme si on remplissait le frigo tout en vidant les poubelles.

Tout cela se produit grâce à un gaz appelé *monoxyde d'azote*. Quand vous éprouvez du plaisir ou que vous vous sentez calme, pleine de vitalité et en forme, le monoxyde d'azote est libéré par petites bouffées, surtout depuis les parois des vaisseaux sanguins. Comme il s'agit d'un gaz, il se diffuse rapidement dans toutes les directions, directement à travers les cellules. C'est comme si votre organisme au complet était bombardé de toutes parts de messages électroniques simultanés. Non seulement ce gaz a pour effet d'activer la circulation, mais le monoxyde d'azote met également en route la fabrication de produits chimiques appelés les *neurotransmetteurs*. Ceux-ci transportent quantités de messages du cerveau au système nerveux, ce qui aide votre corps à mieux fonctionner et à se sentir bien.

L'un des neurotransmetteurs que le plaisir accroît s'appelle la *bêta-endorphine*, laquelle agit à la manière de la morphine, c'est-à-dire qu'elle endort la douleur et crée des sensations d'euphorie. Non seulement cela améliore l'humeur, mais cela vous aide également à faire face plus efficacement aux stress de la vie. Un autre neurotransmetteur que le plaisir stimule est la *prolactine* (connue également comme l'hormone du lien). La prolactine se libère quand vous allaitez, avez un orgasme, ou même lorsque vous vous réunissez entre amis. Elle augmente la sensation de lien avec la personne (ou les gens). La prolactine favorise les sentiments d'amour entre les mères et leurs enfants, les femmes et leur partenaire, et même entre amis.

Parlant d'orgasme et de sexualité, la preuve la plus évidente que notre corps a été conçu pour le plaisir est peut-être l'existence du clitoris. Ce petit organe charnu, qui ressemble à un bourgeon et qui est relié à du tissu érectile plus profond dans le bassin, se situe juste au-dessus de l'entrée du vagin et est partiellement recouvert par un capuchon de peau. En dépit de sa petite taille extérieure (il n'est pas plus gros que la gomme d'un crayon), il renferme 8,000 terminaisons nerveuses qui accroissent l'excitation sexuelle pour éventuellement mener à l'orgasme.

Bien que certaines personnes croient à tort que les femmes urinent par le clitoris, pensant qu'il fait double emploi, à la manière du pénis chez l'homme, c'est par un tout petit orifice situé entre le clitoris et le vagin que les femmes urinent. Le clitoris n'a rien à voir avec l'élimination, pas plus qu'avec la conception ou la reproduction. C'est en fait le seul organe du corps dont l'unique fonction est de procurer du plaisir. (On peut dire que nous sommes plutôt choyées en termes d'équipement!)

Chaque fois que vous ressentez du plaisir dans la région clitoridienne, vous vous inondez de monoxyde d'azote qui, comme nous venons de le voir, améliore radicalement la santé de tout l'organisme. Nous reviendrons abondamment sur les effets positifs du monoxyde d'azote dans le chapitre suivant, y compris sur la façon dont vous pouvez augmenter les niveaux de cette molécule miraculeuse dans votre corps. Mais, pour le moment, sachez seulement que c'est là une autre façon d'utiliser le plaisir pour améliorer votre santé sur plusieurs plans et de plusieurs façons !

Si vous avez déjà lu mes autres livres ou assisté à l'une de mes conférences, vous savez que je parle beaucoup du fait que votre corps a de la sagesse à partager avec vous. Si vous écoutez son langage à travers les différents symptômes qu'il manifeste, vous serez mieux à même de comprendre ce que votre cœur veut vraiment dire et ainsi de vous créer une belle vitalité, aussi bien physiquement qu'émotionnellement.

Eh bien, mesdames, la vérité est que nos orgasmes recèlent de la sagesse à partager avec nous, aussi ! L'orgasme féminin est en fait une métaphore pour illustrer comment fonctionne le plaisir dans notre corps et dans notre vie.

Je m'explique. D'abord, il est impossible d'avoir un orgasme si vous êtes tendue et préoccupée. Et il n'est même pas suffisant d'être détendue. Pour atteindre l'orgasme, il faut rien de moins que céder entièrement au plaisir. Vous devez vous y abandonner complètement, ou alors ça ne marchera pas. C'est aussi simple que ça !

Cela nécessite de sortir de votre tête et d'entrer dans votre corps. Vous ne pouvez pas vous forcer à avoir un orgasme par un effort de volonté, cependant lorsque le lobe frontal est au repos durant le sommeil, non seulement c'est possible, mais c'est normal d'atteindre l'orgasme en rêvant. C'est la preuve que le corps sait comment obtenir un tel plaisir ! Vous devez simplement apprendre à permettre à ces 8 000 terminaisons nerveuses (et aux autres circuits du plaisir qui y sont reliés, comme le point G ou point « sacré » situé juste derrière l'os pubien, sur la face avant du vagin) de faire leur travail afin d'éprouver le plus de plaisir possible. Il n'y a pas de limites à la volupté. Vous pouvez même apprendre à avoir des orgasmes multiples !

C'est le même processus que pour cultiver la joie dans votre vie. Si vous désirez vraiment connaître la magie revigorante du plaisir, vous devez lui ouvrir la porte, lui faire confiance et lui permettre d'inonder votre être. Le voyage commence par simplement remarquer et savourer la sensation de la douce caresse d'une brise sur votre peau !

Parce que les femmes ont souvent besoin de temps pour être stimulées et jouir d'un orgasme, certaines ont l'impression qu'il y a une faille dans le système, ou que le concept ne fonctionne pas très bien. *Or, c'est exactement le contraire qui est vrai.* Ce que votre corps, dans son infinie sagesse, essaie de vous dire, c'est que c'est normal de prendre votre temps ! Votre corps a été conçu pour suivre une lente route, et non pas un raccourci à toute vitesse. Vous méritez tout l'amour et toute l'attention nécessaires pour arriver à destination. En fait, la clé pour éprouver plus de plaisir orgasmique est, ironiquement, d'apprendre à apprécier chaque caresse et chaque sensation, l'une après l'autre, sans avoir l'orgasme pour «but». Vous atteindrez l'apogée, à la fois de plaisir et de santé, non pas grâce à une solution miracle, mais plutôt par une attention soutenue et à long terme dans la culture du plaisir. Cela s'applique autant dans la vie que sous la couette.

Pourquoi repoussons-nous le plaisir?

Mais ce n'est pas là le message que la société véhicule, n'est-ce pas? Malheureusement, la plupart d'entre nous sommes habituées à considérer le plaisir comme un dessert à ne consommer qu'à condition d'avoir le temps, l'argent et l'espace, plutôt que faisant partie d'un des principaux groupes d'aliments. Pour la plupart, nous ne faisons pas de la recherche du plaisir une priorité, parce que notre culture, en manque de plaisir, nous incite à penser de la sorte. Nous prétendons ne pas avoir le temps et que d'autres choses sont beaucoup plus importantes. Nous nous sentons coupables de même *songer* à faire quelque chose pour notre simple plaisir. (D'où croyez-vous que vient l'expression «plaisir coupable»?)

Notre culture (et parfois notre famille) accorde nettement des points à ceux qui souffrent. En fait, bien des gens essaient de se concurrencer les uns les autres à cet égard. («Ce n'est rien, de rétorquer quelqu'un après avoir entendu une histoire abominable. Écoute un peu ce qui m'est arrivé à moi ! ») N'oublions pas que nous vivons dans une société dont l'une des devises est « On n'a rien sans rien ».

La société nous enseigne à valoriser le sang, la sueur et les larmes, et que souffrir et jouer les martyrs revêt quelque chose de saint. Ce n'est qu'à moitié vrai. Travailler dur et fournir des efforts peut en effet avoir du bon pour n'importe qui. Quand vous repoussez vos limites pour aller au bout de vous-même, vous en bénéficiez énormément. Mais il n'a jamais été nécessaire que souffrir fasse partie de l'équation. En faire un mode de vie ou l'afficher comme une médaille ne fait qu'attirer plus de malheur sur vous. Et être un martyr n'a jamais rendu personne meilleur (sauf peut-être Jeanne d'Arc et voyez ce qui *lui* est arrivé !)

La clé réside dans l'équilibre. Trop de *n'importe quoi* n'est pas sain, y compris trop de travail et trop d'efforts. Lorsque vous travaillez trop, que vous vous en demandez trop, et que vous laissez le stress vous gagner dans tout ce que vous pensez *devoir* faire, plutôt que d'accorder une attention sérieuse à ce que votre cœur *rêve* de faire, vous ne vous ren-dez franchement pas service. Quand ce déséquilibre dure, les résultats sont souvent désastreux pour le bien-être.

Lorsque vous vous privez de plaisir ou que vous le repous-sez, l'effet ressemble à ce qui se passe quand vous retenez votre souffle. Au départ, c'est inconfortable, puis cela devient franchement intolérable et votre corps crie au secours. Il est facile d'imaginer ce qui se passerait si vous priviez vos pou-mons d'air. Mais ce que vous ne réalisez pas, c'est qu'en refu-sant le plaisir, les effets sont tout aussi néfastes.

Compte rendu des dégâts

Voici comment se produisent les dégâts : quand vous menez une vie stressante et que vous ne vous occupez pas d'y inclure du plaisir sur une base régulière, votre corps fabrique des hormones du stress qui réduisent le flux sanguin. Vos niveaux de monoxyde d'azote s'effondrent. En conséquence, ceux de bêta-endorphine (un neurotransmetteur), qui ressemble à la morphine, baissent également. Il est probable que vous commenciez à vous sentir triste, déprimée et peut-être même irritable ou en colère. Tout vous agace et il y a de fortes chances pour que vous recherchiez quelque chose pour vous sentir mieux.

Souvent, vous aurez envie d'une consolation immédiate que vous trouverez dans la malbouffe, l'alcool, le café, la cigarette ou la drogue. Vous vous direz même peut-être qu'après avoir travaillé si fort et subi autant de stress, vous méritez cette petite gâterie. Et comme vous vous sentirez effectivement mieux temporairement, après avoir avalé un beignet ou bu du vin, vous serez convaincue que cela vous a aidée. Alors que ce qui se passe vraiment quand vous cédez à la tentation de manger trop, de fumer, de boire trop ou de vous droguer pour être euphorique (ou même des pratiques comme le sadomasochisme), c'est que vous vous engourdissez afin de ne pas ressentir quoi que ce soit de désagréable ou de douloureux. Et plus vous cédez à ces solutions instantanées, plus vous devenez engourdie avec le temps.

Ce genre «d'aide» se retourne contre vous à long terme parce que votre corps s'habitue à ces substances qui modifient l'humeur. Vous devez alors en consommer davantage pour obtenir le même effet. Cela se transforme en cercle vicieux — ce n'est certainement pas le meilleur chemin vers une santé optimale! En fait, c'est ainsi que la dépendance et la maladie se développent. Rechercher le plaisir et vous permettre d'en jouir dans votre vie quotidienne produit, en revanche, des résultats nettement meilleurs et plus durables.

Dire oui au plaisir

Alors, comment convier la joie et le plaisir dans votre vie de tous les jours? En exposant votre cerveau et votre corps à un apport constant de monoxyde d'azote! Et il y a plusieurs façons d'y arriver qui ne comportent ni drogues, ni alcool, ni sucres. Celles-ci comprennent tout ce qui procure un plaisir durable et crée une sensation de vitalité. En plus de suivre ce que votre cœur vous dit, la liste inclut l'exercice, la méditation et l'orgasme. (Au moment de l'orgasme, il se produit une explosion de monoxyde d'azote vivifiant qui relève en même temps les niveaux de tous les autres neurotransmetteurs du bien-être.)

Vous adonner régulièrement à l'une ou à toutes ces activités permet de maintenir vos niveaux de monoxyde d'azote élevés. L'important réside dans la *régularité*. C'est comme lorsque vous déposez de l'argent dans votre compte de retraite : si vous ne le faites que de temps en temps, il ne grossira pas tellement, mais si vous êtes suffisamment disciplinée pour y contribuer chaque année, vous serez surprise et contente de voir à quel point votre argent a fructifié ! Donc, voilà la bonne nouvelle : le plaisir (y compris la sexualité et en particulier l'orgasme) n'est pas qu'un bon moment. Il fait partie de la façon dont votre corps reprogramme sa grille électromagnétique afin de conserver une bonne santé et le bien-être.

Prête à commencer ? Comme votre corps a été conçu pour le plaisir, les étapes pour en éprouver davantage sont plutôt simples :

1. Désirez-le ! Vous devez écarter tout sentiment de culpabilité à l'égard de la recherche du plaisir. J'espère que vous avez déjà commencé à le percevoir comme une nécessité essentielle à la santé plutôt que comme un péché auquel il faut résister.

2. Soyez convaincue de le mériter ! Même si vous avez compris que les humains sont programmés pour rechercher le plaisir, vous devez être personnellement convaincue de le mériter. La joie et le plaisir ne sont pas réservés qu'aux autres : vous y avez droit, vous aussi. Après tout, vous êtes née avec un clitoris. Affaire classée !

3. Croyez que vous êtes capable de l'obtenir ! Oui, vous pouvez inclure plus de plaisir dans votre vie, et cela, quotidiennement. Et oui, votre corps réagira à ce plaisir par une santé éclatante.

4. Surmontez votre résistance! Chaque fois que vous sentez poindre le doute, remarquez-le simplement, puis optez quand même pour le plaisir. Il peut être difficile de reprogrammer votre esprit à penser que ressentir la joie est un droit légitime plutôt qu'un luxe honteux, mais plus vous pratiquerez, plus ce sera facile. Vous verrez et ressentirez rapidement les résultats, y compris plus d'étincelles dans le regard, un teint plus radieux, et le pas plus léger!

5. Apprenez à recevoir du plaisir et à en jouir pleinement! Si quelqu'un vous offrait cent billets de un dollar sans aucune obligation de votre part, en vous disant qu'une provision illimitée est offerte à tout le monde, vous contenteriez-vous de n'en prendre que quelques-uns? Cela peut vous sembler tiré par les cheveux, mais c'est pourtant ce qui se passe lorsque vous cédez à vos désirs sans conviction : vous n'obtenez qu'un peu de joie et seulement quelques avantages.

La plénitude de votre passion et de votre joie n'attend que vous. Quand vous la revendiquerez, je vous garantis que votre vie changera pour le mieux. Qu'est-ce que vous attendez?

Chapitre 3

Découvrez la filière du plaisir grâce au monoxyde d'azote

Pour pouvoir éprouver un maximum de plaisir (sans parler de la meilleure sexualité que vous n'ayez jamais connue dans la cinquantaine et par la suite), vous devez pratiquer un mode de vie qui stimule la production d'une étonnante molécule appelée le monoxyde d'azote (NO). Cette molécule simple est composée d'un atome d'azote et d'un atome d'oxygène. Lorsqu'il est produit dans l'environnement par les moteurs de voitures et les usines, le monoxyde d'azote est toxique. Mais ne soyez pas effrayée, car celui que votre corps fabrique est extrêmement bénéfique.

Le monoxyde d'azote est un radical libre, dont les médecins avisent normalement leurs patients de se méfier, parce que la plupart des radicaux libres attaquent les cellules et causent des dommages. Or, tout comme il y a le bon cholestérol (HDL) et le mauvais (LDL), des chercheurs médicaux ont découvert qu'il existe également des radicaux libres bénéfiques et d'autres nocifs. (En passant, ne confondez pas le monoxyde d'azote avec le protoxyde d'azote, un anesthésique que certains dentistes utilisent et qu'on appelle communément le gaz hilarant.)

Le monoxyde d'azote est spécial parce que, très simplement, il reprogramme votre réseau de puissance et relance votre corps de la même manière que si vous réinitialisez votre ordinateur pour qu'il fonctionne mieux. Plus votre organisme fabrique régulièrement du monoxyde d'azote, plus vous êtes en santé et heureuse dans plusieurs aspects de votre vie. Le monoxyde d'azote est la mère de toutes les molécules du « bien-être ». Il n'est ni illégal ni immoral et ne fait pas le moins du monde engraisser ! En fait, c'est plutôt le contraire. Une fois que vous savez comment l'augmenter (c'est naturel, facile et amusant), il représente la clé pour développer et conserver une santé optimale. Considérez-le comme votre arme secrète pour connaître le bien-être !

L'un de mes collègues et experts-conseil pour la rédaction de ce livre, Ferid Murad, M.D., Ph.D., a partagé le Prix Nobel de médecine en 1988 pour ses recherches ayant mené à la découverte suivante : le monoxyde d'azote est la molécule d'aiguillage du corps. Cela signifie que si l'organisme en fabrique suffisamment, vos cellules restent en bonne santé et fonctionnent bien, ou sinon, elles commencent à se dégrader. Le terrain est alors favorable aux douleurs de toutes sortes ainsi qu'aux maladies dégénératives associées au vieillissement comme le diabète, les cardiopathies, le cancer et l'arthrite. Permettez-moi d'expliquer comment ce livre a vu le jour.

Le docteur Murad a rédigé un ouvrage intitulé *The Wellness Solution*, en collaboration avec Edward A. Taub, M.D., un pionnier en matière de bien-être ; et avec David Oliphant, un ancien lanceur des ligues mineures dans l'équipe des Yankees de New York et des Dodgers de Los Angeles, devenu une figure emblématique dans le milieu de l'édition. Leur collaboration a mené à la conclusion époustouflante que le monoxyde d'azote, c'est l'étincelle de vie ! J'avais déjà écrit au sujet de son importance dans mes livres précédents, mais la vision audacieuse de mes collègues m'a amenée à voir le monoxyde d'azote sous un tout nouveau jour. C'est en fait cette molécule qui détermine le bien-être physique, émotionnel, spirituel et sexuel chez les femmes ménopausées (et chez tout le monde d'ailleurs.) Sensationnel !

Nous avons discuté de l'opportunité d'appliquer mes connaissances sur le monoxyde d'azote à un ouvrage très nécessaire fournissant des conseils explicites pour vivre une meilleure sexualité et éprouver plus de plaisir après la ménopause — le tout appuyé par la science ayant mérité le Prix Nobel. Nous sommes depuis devenus associés et je les consulte dans leurs domaines d'expertise.

En quoi consiste le monoxyde d'azote et comment il exerce sa magie

Le monoxyde d'azote est un gaz invisible et inodore que l'organisme fabrique, surtout dans la paroi des vaisseaux sanguins, plus précisément l'endothélium, une très fine mais très importante couche de cette paroi. D'autres régions du corps produisent également du monoxyde d'azote, y compris les cellules pulmonaires, les globules blancs et les neurones (les cellules nerveuses du cerveau).

Lorsque le monoxyde d'azote est produit, il entraîne le relâchement de la tunique des muscles lisses des vaisseaux sanguins, c'est-à-dire leur vasodilatation. (C'est exact, même vos vaisseaux sanguins ont des muscles!) Lorsque ces muscles sont détendus, les vaisseaux sanguins s'ouvrent ou s'élargissent, permettant ainsi à plus de précieux oxygène et autres nutriments d'atteindre le cœur, le cerveau et tous les autres organes. Avec suffisamment de monoxyde d'azote, la circulation s'améliore dans tout l'organisme. L'effet est le même que si on ajoutait des voies supplémentaires sur l'autoroute à l'heure de pointe : plutôt que les habituels bouchons, la circulation serait plus rapide et plus fluide, et tout le monde en serait ravi!

Certains médicaments renferment du monoxyde d'azote. Par exemple, la nitroglycérine en libère pour améliorer la circulation sanguine vers le cœur, ce qui allège la douleur thoracique chez les patients souffrant d'angine. Le même principe s'applique aux médicaments comme le Viagra, qui aide les hommes à obtenir et à maintenir une érection. Dans cette catégorie de médicaments, le monoxyde d'azote est libéré à partir des cellules nerveuses des vaisseaux sanguins du pénis. Cela dilate les vaisseaux en question, permettant un plus gros afflux sanguin, et par conséquent, une meilleure érection. Mais, heureusement, le monoxyde d'azote fait beaucoup plus que d'alléger les douleurs thoraciques et de favoriser les érections, et comme l'organisme en fabrique naturellement, vous n'êtes pas obligée de le prendre sous forme de médicament pour en bénéficier!

Vous pourriez penser que des vaisseaux sanguins plus larges et une meilleure circulation réduisent la tension artérielle, et vous auriez raison. Mais ce n'est pas tout. Nous savons maintenant que toutes les maladies — y compris les mortelles comme les maladies cardiovasculaires, l'infarctus, le cancer et le diabète — sont associées à l'inflammation cellulaire, qui diminue le flux sanguin en réduisant les niveaux de monoxyde d'azote. En revanche, tout ce qui garde les vaisseaux sanguins souples, élastiques et ouverts contribue à prévenir l'inflammation cellulaire et toutes les maladies dégénératives qui y sont associées. Au final, nous obtenons un corps jeune et en santé. Impressionnant, n'est-ce pas!

Il y a plus encore. Comme le monoxyde d'azote est un gaz, il peut traverser directement dans les membranes cellulaires sans en être empêché par les parois. C'est important, car le monoxyde d'azote fabriqué dans les neurones du cerveau agit en fait comme une sorte de neurotransmetteur spécial, envoyant facilement et instantanément des messages d'une zone cérébrale à une autre. Cela comprend les zones « qui pensent » (celles de la pensée consciente qui permet par exemple de décider de ramasser quelque chose par terre ou de marcher à travers une pièce) et les zones « qui ne pensent pas » ou « réflexe » (celles qui gèrent le système nerveux autonome, lequel contrôle le rythme cardiaque, la tension artérielle, la respiration et toutes les autres fonctions du corps sans que vous ayez à y penser).

Cela a une grande portée (comme j'en parlerai plus tard dans le présent chapitre), car la partie consciente du cerveau s'adresse constamment aux zones non conscientes qui contrôlent vos fonctions organiques. Vous n'avez simplement pas conscience du puissant effet que le cerveau conscient (et les pensées) a sur les zones non conscientes qui contrôlent votre santé ! Il se trouve que le monoxyde d'azote établit cette connexion instantanément. Lorsque vous pensez : « Je suis parfaitement capable de changer pour le mieux et je veux le faire ! », cette pensée puissante et saine décharge spontanément des quantités de monoxyde d'azote vers tous les organes de votre corps !

Le monoxyde d'azote n'envoie pas seulement des messages à chaque partie de votre corps pour contribuer à maintenir la santé optimale du cœur, des poumons, des os et des muscles, mais il transmet également des signaux permettant à l'organisme de conserver sa santé en résolvant des problèmes. Par exemple, il peut avertir les globules blancs de lutter contre une infection et tuer des tumeurs, il peut stimuler la réparation de tissus endommagés et peut même réduire la consistance de caillots sanguins susceptibles de causer un infarctus ou une attaque. De plus, le monoxyde d'azote renvoie également des messages du corps vers le cerveau, indiquant ainsi à celui-ci que ses messages de départ ont été reçus et que des mesures ont été prises.

Bien sûr, il y a d'autres neurotransmetteurs dans le cerveau qui voyagent dans tout le corps, mais voici l'avantage du monoxyde d'azote : comme il s'agit d'un gaz, ses molécules se diffusent rapidement dans toutes les directions en même temps plutôt que de ne toucher que les neurones à proximité au moment de transmettre l'information. Autrement dit, le monoxyde d'azote envoie ses messages de santé et de bien-être presque instantanément dans tout le cerveau et tout le corps. C'est comme si on se servait d'un système de son ultra performant pour communiquer avec une foule, même les personnes au dernier rang, plutôt que de faire circuler de l'information de bouche à oreille, en espérant que chacun répétera le message clairement et efficacement sans s'embrouiller en chemin. Il n'est pas difficile d'imaginer quel moyen vous choisiriez pour transmettre un message, n'est-ce pas ?

Le monoxyde d'azote exerce sa magie dès le tout début de la vie. Des études faites sur des oursins à l'Université Stanford montrent que dès la rencontre entre le spermatozoïde et l'ovule, du monoxyde d'azote est aussitôt fabriqué et libéré, d'abord dans le premier, puis dans le second. C'est cette décharge de monoxyde d'azote qui déclenche la libération vitale de calcium nécessaire à l'œuf fécondé pour entreprendre son processus de division afin de devenir un embryon. Les chercheurs croient que le processus est sans doute le même pour les humains.

Les plus récentes découvertes indiquent par ailleurs que fournir du monoxyde d'azote aux poumons des prématurés peut leur sauver la vie. (Curieusement, la lumière blanche que tant de gens aperçoivent lors d'une expérience de mort imminente vient également d'une explosion de monoxyde d'azote, ce qui m'amène à croire que l'énergie qui nous fait entrer dans notre corps physique est également présente quand nous le quittons. Cette pensée peut vraiment nous aider à faire confiance au processus de la vie.)

Le monoxyde d'azote est, pour ainsi dire littéralement, l'étincelle de vie — l'équivalent physique de l'énergie vitale, le *chi* ou *prâna*. C'est ce qui nous insuffle la vie dès la naissance, puis, tout au long du parcours, c'est cette molécule qui dit à nos cellules de vivre ou de mourir, de s'épanouir en santé ou de dégénérer. Si nous pouvons apprendre à augmenter notre niveau de monoxyde d'azote de façon naturelle et sur une base régulière, nous pouvons véritablement déborder de santé tous les jours de notre vie. Qui ne le voudrait pas ? En tout cas, moi je le veux !

Fabriquer suffisamment de monoxyde d'azote

Alors, comment augmenter et maintenir notre niveau de cette miraculeuse molécule ? C'est une question très importante, parce qu'en vérité, la majorité des Américains n'en ont pas assez dans leur organisme, surtout en vieillissant. Les facteurs comme l'obésité, le manque d'exercice, la mauvaise alimentation, le tabagisme et trop de stress contribuent tous à réduire notre niveau de monoxyde d'azote. En conséquence, cela nous rend plus vulnérables à la maladie et à une santé déficiente.

La bonne nouvelle est que, quel que soit votre niveau de monoxyde d'azote présentement, vous pouvez prendre des mesures pour le relever sensiblement. La première étape consiste à adopter un mode de vie sain qui comprend choisir des pensées inspirantes et faire des affirmations positives comme : *Chaque jour est rempli d'occasions de joie*. C'est exactement le contraire que d'adopter le «rôle de la victime». Il est essentiel de rester en contact avec vos émotions — y compris la peine, la peur et la colère — et d'apprendre à les exprimer sainement. Donc, si vous êtes en colère, ressentez-la et exprimez-la (sans causer de dommages). Ensuite, prenez un moment pour découvrir pourquoi vous vous sentez ainsi, et adoptez les mesures nécessaires pour changer votre réaction à la situation. En outre, faites ce qu'il faut pour changer la situation elle-même, chaque fois que c'est possible.

Reprendre possession de vos moyens est la première étape qui mène automatiquement vers des changements durables dans votre mode de vie, et cela inclut manger sainement, conserver un poids santé, boire beaucoup d'eau, prendre les suppléments appropriés (riches en antioxydants), cesser de fumer, dormir suffisamment, réduire le

stress, et augmenter le plaisir. J'aborderai chacun de ces élé-
ments plus en détails dans les chapitres suivants, mais pour
l'instant, il suffit de savoir que vous pouvez prendre votre
santé en main et la transformer, quel que soit le point où
vous en êtes. Alors, courage!

Selon votre état de santé actuel, vous aurez peut-être
besoin de l'aide d'un professionnel de la santé pour régler
certains ennuis précis, comme l'hypercholestérolémie et
la triglycéridémie anormale, l'hypertension et le diabète,
tous susceptibles de contribuer à diminuer le niveau de
monoxyde d'azote dans votre organisme. Veuillez noter
qu'il existe de nombreuses bonnes alternatives natu-
relles aux médicaments pour soigner ces troubles, mais il
demeure que les médicaments d'ordonnance sont parfois
nécessaires.

En apprenant à augmenter naturellement votre taux de
monoxyde d'azote, gardez ceci à l'esprit : pour maximiser les
niveaux de cette molécule, vous devez vous engager à changer votre mode de vie. Impossible de stocker du monoxyde
d'azote comme de l'argent à la banque et de vous appro-
visionner quand vous en avez besoin. La durée de vie de
cette incroyable molécule n'est que de quelques secondes!
Elle est fabriquée au besoin et sur-le-champ, si les bonnes
conditions sont réunies. Par conséquent, pour développer
et conserver une santé optimale, vous devez faire en sorte
que votre organisme fabrique du monoxyde d'azote sur une
base régulière. Il s'agit d'une ressource renouvelable parce
que le corps peut en produire sans cesse, sauf qu'il ne le fait

pas automatiquement. Vous devez apprendre à la cultiver. Et rappelez-vous : comme une *bonne* partie de l'optimisation de la production de monoxyde d'azote suppose d'incorporer plus de plaisir dans votre vie, c'est loin d'être une suggestion décourageante !

La connexion corps-esprit et le monoxyde d'azote

Il est important de réduire le stress pour augmenter les niveaux de monoxyde d'azote, parce que les émotions négatives comme la colère, la peine, la déception, la peur et l'inquiétude l'épuisent. En fait, les chercheurs soupçonnent qu'il s'agit d'un cercle vicieux et que des niveaux insuffisants de monoxyde d'azote peuvent déclencher des sentiments négatifs. Il est donc essentiel d'apprendre à sortir de cette spirale infernale pour favoriser une santé maximale.

L'inverse est vrai également : augmenter le plaisir (en commençant par avoir des pensées agréables et positives) accroît la quantité de monoxyde d'azote dans l'organisme. Les activités comme le yoga, le massage, l'acupuncture, la musique apaisante et le rire (surtout les bons gros éclats) ont toutes démontré qu'elles stimulaient la production de monoxyde d'azote. Et c'est sans parler de l'orgasme et de faire l'amour !

À leur tour, des quantités suffisantes semblent déclencher des émotions positives dont la joie, mais aussi la résilience, l'audace et l'espoir. Ainsi, le plaisir stimule la production de monoxyde d'azote qui, lui-même, stimule le plaisir. Voilà la spirale ascendante à laquelle vous devez aspirer !

La raison pour laquelle le monoxyde d'azote agit comme un pont entre le corps et l'esprit est la capacité unique de cette molécule de relier les zones qui ne le sont habituellement pas dans le cerveau, et dont j'ai parlé précédemment dans ce chapitre. Si la partie « qui pense » est en mode positif (parce que vous éprouvez du plaisir ou avez simplement des pensées positives et inspirantes), le monoxyde d'azote peut alors transmettre rapidement des signaux positifs à la partie du cerveau « qui ne pense pas ». En réaction, celle-ci (qui régit les fonctions comme la respiration et le rythme cardiaque) envoie des signaux qui réduisent le stress dans tout l'organisme. Le monoxyde d'azote envoie également ses signaux positifs à l'inconscient où réside l'instinct.

Un bon exemple pour illustrer cela est le fameux effet placebo — c'est-à-dire la guérison qui survient quand vous croyez que le médicament que vous absorbez ou le traitement qu'on vous donne est réel, alors qu'il est en fait totalement inactif (comme un comprimé de sucre ou une injection de solution saline). L'effet placebo n'est pas rare : les chercheurs indiquent qu'il se produit dans les deux tiers et jusque dans les trois quarts des cas.

Herbert Benson, M.D., un pionnier en médecine du corps-esprit de la faculté de médecine de Harvard, croit que le monoxyde d'azote représente la clé pour expliquer comment fonctionne l'effet placebo. Les émotions positives et l'espoir qu'une patiente éprouve quand elle prend une médication qu'elle croit bénéfique déclenchent une augmentation du monoxyde d'azote dans son organisme, et les taux plus élevés de celui-ci ont à leur tour un effet positif sur sa santé — tout cela malgré le fait que le médicament ne renferme aucun ingrédient actif.

La recherche du docteur Benson sur le monoxyde d'azote va même plus loin. Il suggère que de plus grandes quantités de cette molécule dans le cerveau peuvent également déclencher des aspirations qui nous amènent à faire de profondes expériences spirituelles.

Alors, revoyons tout cela dans son ensemble : créer des niveaux suffisants de monoxyde d'azote renforce non seulement la santé physique, mais la santé émotionnelle et spirituelle également.

Autrement dit, prendre bien soin de votre corps et vous ouvrir totalement au plaisir (stimulant ainsi le monoxyde d'azote) entraîne ce qui suit :

- Favorise le processus de guérison, stimule l'immunité et contribue à prévenir les maladies dégénératives chroniques, vous gardant ainsi physiquement forte et en bonne santé en vieillissant.

- Améliore non seulement votre humeur, mais également votre vision de la vie, renouvelant l'espoir et renforçant votre détermination à prendre votre santé et votre vie en main.

- Nourrit votre âme, renforçant ainsi votre sens d'appartenance à quelque chose de plus grand que vous-même, et vous menant éventuellement à vivre des expériences spirituelles profondes.

Prête à commencer? J'en ai bien l'impression!

Chapitre 4

Comment maximiser votre niveau de monoxyde d'azote

L'augmentation du niveau de monoxyde d'azote comporte six étapes importantes qui exigent la participation de votre corps, de votre esprit et de votre âme. Les voici :

1. Ne fréquentez que des gens positifs partout où vous le pouvez.

2. Mangez sainement, faites de l'exercice, et surveillez votre poids.

3. Soyez fière de vous!

4. Avancez. Ne reculez pas!

5. Prenez conscience que vous êtes ce que vous croyez être.

6. Comprenez que la sexualité et la santé vont de pair.

Si vous avez déjà maîtrisé certaines de ces étapes, d'autres ne vous ont peut-être jamais effleuré l'esprit. Quel que soit l'étape où vous en êtes dans ces pratiques, sachez que l'important est de viser toujours plus haut. Il ne s'agit pas de quelque chose que vous pouvez expédier en qua-trième vitesse durant un week-end! Ne vous attendez pas non plus à la perfection après vos efforts. Comme pour tant d'autres choses dans la vie, franchir ces étapes est un pro-cessus. Attendez-vous à faire des progrès, puis à reperdre du terrain parfois — c'est normal. Ne vous blâmez pas pour autant. La clé consiste à avancer pas à pas et à savourer chaque étape pleinement!

I. Ne fréquentez que des gens positifs partout où vous le pouvez

L'un des moyens les plus importants et les plus instanta-nés d'augmenter le monoxyde d'azote dans votre organisme consiste à changer votre façon de penser. Les pensées sont en effet beaucoup plus que des mots qui traversent l'esprit. Elles ont pour ainsi dire littéralement le pouvoir de créer notre réalité (y compris notre santé physique). La pensée positive et optimiste est associée à des niveaux plus élevés de monoxyde d'azote, donc à une meilleure santé. Le contraire est tout aussi vrai : le stress, le ressentiment chronique, la tristesse, la déception, la peur et la colère diminuent les niveaux de monoxyde d'azote et préparent le terrain à la maladie. Le stress excessif n'engendre jamais rien de bon.

L'un des meilleurs moyens de rester dans un état d'esprit sain et bénéfique consiste à vous entourer de gens qui pensent comme vous, car cela renforcera votre choix en faveur de la pensée positive. Vous connaissez le proverbe «Qui se ressemble s'assemble»? C'est vrai! Avez-vous déjà passé un moment avec des gens joyeux et inspirants qui font que vous vous sentez bien? C'est comme si leur humeur était contagieuse. On se sent plus léger, plus heureux et plus optimiste, même si on a commencé la journée de travers.

Et le contraire est tout aussi vrai. Passez un peu de temps auprès de quelqu'un de négatif, qui semble toujours se plaindre de quelque chose et qui s'attend constamment au pire et vous commencerez à croire que le ciel va vous tomber sur la tête. Vous vous sentirez drainée, épuisée et pessimiste. Rappelez-vous que l'on attire semblable à soi, alors vous pouvez choisir les personnes et les situations dont vous souhaitez vous entourer.

Cela ne signifie pas que vous ne devriez jamais avoir de chagrin ou vous mettre en colère. Le fait de dissimuler ces émotions humaines, qui sont normales, en vous accrochant un faux sourire n'est pas nécessaire et ne sert à rien. Je ne propose pas pour autant de devenir une optimiste béate à la guimauve qui vit dans le déni total, car cette attitude n'est pas bonne pour votre santé non plus.

En réalité, ce que je suggère, c'est de ne pas rester coincée dans les sentiments négatifs. (Cela équivaudrait à macérer dans votre baignoire d'eau sale durant des jours!) Il s'agit plutôt de ressentir *toutes* vos émotions, de les vivre pleinement, puis de les laisser parcourir votre corps comme une vague qui vous submergerait sur la plage avant de se retirer vers l'océan.

Personne n'échappe à la douleur et à la déception. Tout n'est pas toujours rose. Mais ce qui écrase les uns a peu d'effet sur les autres. Votre aptitude à mener une vie saine et heureuse dépend davantage de votre perception des événements qui se déroulent que des événements eux-mêmes. Par exemple, percevoir les «problèmes» comme des défis ou des occasions de croissance est une perspective infiniment plus saine.

Autrement dit, votre capacité de vivre dans la joie et l'abondance et de rester en santé dépend de votre capacité de consentir à diriger votre attention sur les pensées, les gens, les lieux et les expériences de nature positive et inspirante. Ma devise est la suivante : «Si ce n'est pas amusant, ne le fais pas!»

Permettez-moi de vous donner un exemple. Si vous vous dites, *Je suis une femme incroyablement sexy et les hommes (ou les femmes) me trouvent désirable*, et que vous *croyez* à ce que vous dites (même juste un instant), voici ce qui se passe dans votre corps :

- Le monoxyde d'azote se libère dans la tunique de vos vaisseaux sanguins, dilate ceux-ci pour améliorer la circulation et apporter plus rapidement l'oxygène vivifiant à chaque cellule de votre organisme.

- La circulation s'améliore dans tout votre corps, y compris le débit sanguin vers vos seins et vos organes génitaux, favorisant de belles expériences sexuelles.

- Les niveaux de produits chimiques induisant le bien-être, comme la sérotonine et la bêta endorphine, augmentent.

- La zone «non pensante» du cerveau reçoit le signal que tout va bien et envoie donc ce message à tout le corps, ce qui vous rend plus heureuse et plus détendue tout en optimisant vos fonctions organiques, comme le rythme cardiaque et la réparation des tissus.

- Comme vous vous sentez plus attirante et désirable, vous marchez la tête haute et vous avez un discours positif qui vous rend encore plus attirante et désirable.

- Vous devenez un aimant pour les personnes qui se sentent attirantes et désirables également. Vous attirez également des expériences qui confirment que vous êtes effectivement attirante, sexy et désirable pour l'univers. Les gens vous remarquent et sourient, ils vous font *de la place* plutôt que de buter contre vous. Ils sentent que vous êtes vibrante et pleine de vitalité, et ils veulent être près de vous le plus possible.

Mais si, au contraire, vous pensez, *Je suis vieille et je n'intéresse personne*, votre expérience sera très différente. Voici ce qui se passe dans ce cas :

- Les niveaux de monoxyde d'azote s'effondrent et les hormones du stress (comme le cortisol et l'adrénaline) augmentent, stimulant l'inflammation cellulaire. Cela accroît les risques de maladies dégénératives.

- Les niveaux trop élevés de cortisol ont un effet défavorable sur le taux de sucre dans le sang et sur l'insuline, causant de la fatigue et un gain de poids. En fait, la zone « non pensante » du cerveau saisit votre vibration négative et envoie des signaux au reste du corps qui encouragent la mollesse et ralentissent la circulation dans tous les systèmes organiques. Tout commence à se détériorer, y compris le système immunitaire.

- Votre regard s'éteint et votre pas s'alourdit. Les gens ont tendance à ne pas vous voir, non par impolitesse, mais simplement parce que vous n'attirez pas leur attention. Vous dites à l'univers, *Ne vous occupez pas de la mocheté que je suis*, et c'est ce que vous attirez.

Laquelle des deux expériences préférez-vous ? Le fait est que lorsque vous vous *attendez* au meilleur, vous *obtenez* souvent le meilleur. Toutes les personnes que vous rencontrez et toutes les expériences que vous faites peuvent être considérées comme le reflet de vos propres croyances. Par conséquent, si vous n'aimez pas ce que la vie vous apporte, reprogrammez votre état d'esprit. Essayez au moins — ça ne peut pas nuire, et vous verrez bien le résultat !

J'ai moi-même fait l'expérience des quantités de fois. Il y a cinq ans, par exemple, je vous aurais dit qu'il ne restait plus hommes intéressants, parce qu'ils étaient tous mariés à des femmes de 20 ans plus jeunes qu'eux. Alors, chaque fois que je rencontrais un homme, ses défauts semblaient démultipliés. Ce que je ne réalisais pas alors, c'est que toutes les lacunes que je remarquais chez lui étaient en réalité le reflet déformé des faiblesses que je voyais en moi ou que je craignais avoir. Aujourd'hui, après avoir changé mon point de vue — en commençant par ma perception de *moi-même* et de mon *propre* attrait — je peux m'asseoir près de n'importe quel homme et lui trouver au moins deux qualités. Mieux encore : les hommes de tous âges me trouvent plus de qualités, eux aussi! Cela ne se serait jamais produit si je n'avais pas d'abord régulièrement ouvert mon cœur et pris le temps d'adopter un état d'esprit plus positif. Mes nouvelles pensées et ma nouvelle attitude ont posé les jalons d'une vie formidable! Et vous en êtes tout aussi capable.

2. *Mangez sainement, faites de l'exercice, et surveillez votre poids.*

Pour stimuler vos niveaux de monoxyde d'azote, il est important de consommer des aliments nutritifs, de maintenir un poids santé, de faire suffisamment d'exercice et d'avaler les bons suppléments alimentaires. Si vous avez eu du mal à suivre ce conseil dans le passé, reprenez courage. Adopter un mode de vie sain n'a rien d'une torture, croyez-moi! Lorsque votre but consiste à accroître le plaisir dans votre vie, et non pas à vous conformer à une discipline rigoureuse, l'expérience est entièrement différente. Vous pouvez en effet trouver des aliments sains que vous aurez plaisir à consommer, ainsi que des moyens amusants pour bouger. Lorsque vous aurez commencé à constater des résultats, votre estime personnelle et votre désir sexuel augmenteront et vous serez motivée à continuer. Vous vivrez plus longtemps, aussi. L'obésité est la deuxième cause de décès que l'on peut prévenir aux États-Unis (juste après le tabagisme). Une étude effectuée auprès de plus de 20 000 personnes, et publiée au Royaume-Uni en 2008, indique qu'il est possible d'ajouter 14 ans à votre vie en adoptant un mode de vie sain !

Si votre excédent de poids est très important, cela peut sembler une grosse montagne à escalader. Mais soyez encouragée par le fait que perdre même seulement 5 à 10 pour cent de cet embonpoint peut diminuer l'inflammation et améliorer votre santé. Rappelez-vous que l'objectif consiste à vous aimer en bonne santé et qu'il faut commencer quelque part ! Évitez d'être trop rigoureuse ; gardez votre sens de l'humour et si vous perdez du terrain, remettez-vous dans le droit chemin. Ne vous blâmez pas et ne vous flagellez pas — c'est contre-productif (et cela réduit le monoxyde d'azote).

Prenez soin également de ne vous fixer que des attentes réalistes. Ne tombez pas dans le piège de vous mesurer à un idéal culturel (et malsain) impossible. Vous n'essayez pas de vous conformer à une norme de la société. Vous tentez seulement d'être le plus en santé possible, telle que vous êtes. Il suffit donc de faire de votre mieux !

Quoi manger

Je désire clarifier un point dès maintenant : il ne s'agit pas de suivre un régime amaigrissant. L'organisme est naturellement récalcitrant à cette seule idée. En réalité, ce que je suggère c'est d'ajuster votre mode de vie en faisant des choix plus sains destinés à accroître votre bien-être en augmentant les niveaux de monoxyde d'azote. Je veux que vous soyez capable de *vivre* avec les aliments que vous choisissez de manger et d'*aimer* les consommer. Vous découvrirez sans doute que les aliments dont vous avez le plus envie sont ceux qui sont le mieux à même de favoriser votre bien-être.

J'ai pour ma part découvert que la meilleure alimentation et celle qui me paraît la plus sensée est la cuisine méditerranéenne, traditionnellement consommée en France, en Italie, en Grèce, en Espagne et au Portugal — des pays qui enregistrent des taux radicalement inférieurs de maladies cardiovasculaires, en comparaison avec les États-Unis. De plus, ce sont des pays qui font de chaque repas une fête. À la base, cette alimentation comprend du poisson, des grains entiers, des fruits et des légumes frais, des noix et de l'huile d'olive. Dans le cadre d'une bonne alimentation, il faut aussi réduire le plus possible le sucre, la caféine, les aliments dénaturés et reconstitués.

Commencez par consommer cinq portions de fruits et légumes par jour (une portion équivaut à 250 grammes ou environ une demi-tasse). Les produits frais sont supérieurs à ceux en conserve ou surgelés, surtout parce que les aliments traités contiennent généralement du sucre, du sel et d'autres additifs. Apprenez à lire les étiquettes afin de faire les meilleurs choix.

Par ailleurs, les légumes n'ont pas tous la même valeur nutritive. Laissez de côté la gamme des féculents (comme les pommes de terre et le maïs), de même que le riz blanc et tout ce qui est fabriqué de farine raffinée — y compris le pain blanc, les muffins, les bagels, les biscuits, les craquelins et les bretzels. Ces aliments sont tous trop riches en hydrates de carbone, lesquels augmentent considérablement et trop vite la glycémie, ainsi que les niveaux d'insuline. Trop de sucre dans le sang et trop d'insuline diminuent non seulement le monoxyde d'azote, mais incitent également l'organisme à stocker des graisses. Il n'est pas nécessaire d'éliminer complètement les hydrates de carbone de votre alimentation, mais consommez-en modérément. Et quand vous en mangez, choisissez la version plus saine. Une pomme de terre cuite au four est plus saine que des frites, par exemple, et le maïs en épi est meilleur pour la santé que les grains en crème additionnés de sirop. L'avoine, le quinoa, l'épeautre et le millet représentent les meilleurs choix concernant les grains et les céréales. Environ une femme sur quatre présente une intolérance au gluten (surtout après 50 ans) et elle digère donc mieux si elle évite les dérivés du blé.

Ne lésinez pas sur les protéines maigres, car elles constituent une partie importante de l'alimentation. Absorber suffisamment de protéines aide à éviter les envies d'hydrates de carbone et augmente le glugacon qui incite votre organisme à brûler les graisses. Par conséquent, faites en sorte d'en manger un peu à chaque repas ou goûter.

De nombreuses études suggèrent que les protéines végétales (par exemple, celles que l'on trouve dans les légumineuses) sont plus saines que les protéines animales comme la viande rouge. Cependant, d'après mon expérience, bon nombre de gens se sentent tout simplement mieux quand ils consomment un peu de viande rouge et d'autres protéines animales. Je fais partie de cette catégorie de personnes. La meilleure source de protéines animales est le poisson, en particulier le maquereau, le hareng, le saumon, la truite, les sardines dans l'huile et le flétan, parce ce sont des poissons qui vivent en eau froide et qu'ils sont riches en oméga-3. Mangez du poisson au moins deux ou trois fois par semaine. Le poulet et la dinde biologiques sont d'autres sources saines de protéines animales pour ceux qui n'aiment pas le poisson. Viennent ensuite les parties maigres de bœuf et de porc. Le gibier, comme la venaison et le buffle, sont aussi maigres et sains. Mentionnons également les œufs biologiques et les produits laitiers. (Les produits laitiers biologiques crus sont les plus sains et les plus digestibles étant donné que la pasteurisation détruit les enzymes.)

Réduire considérablement la consommation d'aliments sucrés, dénaturés et reconstitués est la chose la plus importante à faire, pour plusieurs raisons. D'abord, les aliments traités renferment souvent des acides gras trans (biscuits, craquelins et autres grignotines, ainsi que la margarine et le saindoux), qui augmentent l'inflammation cellulaire et réduisent les niveaux de monoxyde d'azote. Consommer des hydrates de carbone raffinés (comme des bonbons, des croustilles et de la pâtisserie) est également dommageable, car cela fait grimper la glycémie qui s'effondre ensuite. C'est ainsi que l'insuline atteint éventuellement des niveaux anormaux, que l'inflammation cellulaire survient et (vous l'aurez deviné) que le monoxyde d'azote diminue. Il est plus sain de consommer en collations des fruits peu sucrés (comme les petits fruits et les poires) accompagnés de fromage faible en gras, des barres nutritives peu sucrées ou une poignée de noix (noisettes, amandes ou pacanes, crues de préférence).

Prendre le petit-déjeuner est une autre clé importante pour maintenir la stabilité du taux de sucre dans le sang, non seulement durant la matinée, mais toute la journée. Si vous n'êtes pas habituée aux petits-déjeuners copieux ou que vous n'avez pas le temps de cuisiner, ne vous inquiétez pas ! Avalez alors une boisson ou une barre protéinée : c'est suffisant ! Quoi que vous mangiez, assurez-vous que votre petit-déjeuner renferme des protéines, des hydrates de carbone faibles en sucre (comme les petits fruits) et de bons gras.

Oui, les bons gras existent. (En fait, malgré la croyance courante, les gras alimentaires — saturés ou non — ne sont peut-être pas la cause de l'obésité, des affections cardiovasculaires et autres maladies de notre civilisation. Les hydrates de carbone raffinés, en particulier le saccharose et le sirop de maïs riche en fructose — qui ne sont que d'autres types de sucre — sont de loin plus dangereux.) Les gras sont nécessaires à chaque cellule de l'organisme. Votre cerveau dépend essentiellement des bons gras pour bien fonctionner. Les meilleurs gras sont insaturés et proviennent surtout des végétaux et du poisson. Les gras insaturés comprennent les poly insaturés (oméga-3 et oméga-6 que l'on trouve largement dans le poisson, les noix, les céréales et les graines) et les mono insaturés (que l'on trouve également dans le poisson, mais aussi dans l'huile d'olive, les avocats et les noix). Les gras mono insaturés et poly insaturés sont bons pour le cœur et augmentent le monoxyde d'azote.

Bien que les gras saturés (provenant habituellement de la viande et des produits laitiers) ne soient pas aussi coupables qu'on nous l'a laissé croire, il y a de nombreuses bonnes raisons environnementales pour limiter la consommation de ceux qui proviennent de source animale. (L'huile de noix de coco, en passant, est une source de gras saturés très sains.) Les gras trans, toutefois, que l'on trouve dans la margarine, le saindoux et les produits dérivés, sont très dommageables à la santé cardiaque et réduisent les niveaux de monoxyde d'azote.

Même si vous n'arrivez pas à retenir toutes ces recommandations d'un seul coup, prenez l'engagement de commencer quelque part, dès aujourd'hui. Vous poursuivrez ensuite à votre gré, en adoptant graduellement cette alimentation. Je peux vous assurer que même au bout de quelques jours (surtout si votre régime alimentaire actuel renferme beaucoup d'aliments raffinés), vous serez étonnée de vous sentir beaucoup mieux et d'avoir énormément plus d'énergie en vous nourrissant de cette façon ! Je peux vous affirmer que cela a fait une grande différence pour moi !

Je veux par ailleurs vous suggérer de boire beaucoup d'eau tous les jours. À titre indicatif, l'idéal est de boire quotidiennement l'équivalent du tiers de votre poids en centilitres. (Par exemple, si vous pesez 60 kilos, vous devriez boire environ 2 litres d'eau par jour.) L'eau est importante pour que votre organisme fonctionne bien (et brûle les graisses). Lorsque vous avez soif, c'est parce que votre corps est déjà déshydraté ! Il ne faut donc pas attendre d'avoir soif pour boire — conservez une bouteille d'eau près de vous et prenez-en quelques gorgées tout au long de la journée. Rappelez-vous également que l'on confond parfois la soif et la faim. La prochaine fois que vous aurez une fringale, prenez une gorgée d'eau avant de vous jeter sur une collation !

J'en profite pour préciser que le café et les autres boissons qui renferment de la caféine (comme les colas) ne sont pas de bons substituts à l'eau, car la caféine augmente le sucre dans le sang et favorise l'inflammation cellulaire. Il faut par ailleurs limiter votre consommation d'alcool. Pris modérément, l'alcool ne fait pas de mal, mais il s'agit de se rappeler que sur le plan nutritif, il n'est rien d'autre que des calories et du sucre qui vont directement au cerveau.

Enfin, choisissez le bon moment pour manger. Comme le métabolisme atteint généralement son maximum à midi (puis ralentit le reste de la journée), il vaut mieux éviter de manger tard. Prendre un repas tard le soir fait non seulement engraisser rapidement, mais déstabilise votre taux de sucre sanguin. Parfois, une petite collation vers 16 h 00 (si vous en ressentez le besoin) vous empêchera de manger trop au dîner ou plus tard dans la soirée. Prendre un petit-déjeuner aide également à restreindre les fringales du soir !

Une dernière chose au sujet de l'alimentation : vos pensées et vos émotions agissent directement et de façon puissante sur la digestion. Par exemple, quand vous êtes amoureux, il suffit souvent de beaucoup moins de nourriture pour être rassasié et vous pouvez aussi perdre du poids facilement. Le message à retenir consiste à savourer les aliments pleinement et à cultiver le plaisir des repas !

Allez-y, bougez !

L'exercice répugne à bon nombre de femmes. Par conséquent, si vous n'avez pas envie de vous abonner à un gym, n'y allez pas. Si vous détestez faire des abdominaux, alors renoncez-y. Mais je *veux* que vous trouviez une façon de bouger qui vous plaise et que vous pratiquerez régulièrement. Quelque chose d'amusant : le jogging, jouer au tennis, le programme Pilates, le yoga, le vélo, le hula-hoop, le vélo stationnaire, jardiner ou simplement danser gaiement, toute seule chez vous. L'exercice peut être inspirant ; il n'est pas nécessaire qu'il soit ennuyeux. Ce qui compte le plus, c'est de trouver une forme d'exercice que vous appréciez suffisamment pour la pratiquer régulièrement. Vous en deviendrez rapidement dépendante, surtout quand vous constaterez à quel point vous êtes radieuse (et sexy) et que votre apparence s'améliore.

Voici pourquoi c'est si important : en vieillissant, si vous ne faites pas assez d'exercice, votre masse musculaire est souvent remplacée par des graisses. Dès que vous entamez un programme d'exercice, quel que soit votre âge, vous pouvez renverser cette tendance. Plus important encore, les femmes qui font de l'exercice comptent en moyenne 20 années productives de plus que celles qui n'en font pas. C'est parce que l'exercice contribue à stabiliser le poids et diminue l'insulino-résistance tout en augmentant le monoxyde d'azote. Il permet de garder vos articulations mobiles et lubrifiées.

En fait, tout ce dont vous avez réellement besoin, c'est seulement 20 à 30 minutes d'aérobie (par exemple, une marche rapide — assez pour avoir le souffle court), au moins cinq jours par semaine. Plus, si possible! Faites également une forme d'entraînement musculaire (avec des poids, des bandes élastiques ou de l'équipement Pilates) trois fois par semaine. Le renforcement musculaire est essentiel, car c'est le seul genre d'exercice susceptible de ralentir la diminution de la masse musculaire et la perte osseuse que de nombreuses femmes connaissent à la cinquantaine. Il n'est pas nécessaire d'aller au gym pour cela, puisque vous pouvez vous servir de petits poids (ou de bandes élastiques) à la maison. Si vous n'en avez jamais fait, il serait bon de retenir les services d'un entraîneur, tout au moins au début, afin d'obtenir son avis sur la routine à suivre et ses conseils sur la façon de procéder pour ne pas vous blesser.

Respectez vos limites et reposez-vous (ou arrêtez-vous) dès que vous en ressentez le besoin. Si vous êtes épuisée après ces exercices (pas seulement fatiguée, mais *épuisée*), c'est que vous êtes allée trop loin et en avez trop fait. Il vaut mieux commencer doucement et augmenter graduellement votre routine. Une façon de rester motivée (et de maintenir l'intérêt) consiste à vous fixer des objectifs réguliers et raisonnables, comme marcher autour du pâté de maisons, ou jusqu'à une destination en particulier, en de moins en moins de temps, ou ajouter cinq ou dix minutes à votre routine chaque semaine. Un podomètre est particulièrement motivant. Essayez de vous rendre à 10 000 pas par jour.

Dormez suffisamment

Dormir suffisamment est également important pour conserver vos niveaux de monoxyde d'azote élevés. Bon nombre de femmes (dont je fais partie) ont besoin de huit à dix heures de sommeil pour bien fonctionner, mais cela peut varier d'un peu moins ou d'un peu plus. Le test est simple : si vous êtes groggy et fatiguée tout au long de la journée, vous manquez de sommeil! Des études récentes démontrent que le déficit de sommeil contribue grandement à l'hypertension et même au gain de poids.

Si vous le pouvez, allez au lit vers 22 h 00. Le sommeil d'avant minuit est le plus réparateur, et cela même si vous dormez plus tard le matin. De plus, croyez-le ou non, dormir le temps nécessaire peut également vous aider à perdre du poids!

Cessez de fumer

Si vous fumez, arrêtez. Un point c'est tout. Le tabagisme est la première cause de décès que l'on peut prévenir en Amérique, et cela réduit considérablement vos niveaux de monoxyde d'azote. Trouvez du soutien (un programme d'aide, l'hypnose ou des timbres de nicotine), mais cessez pour de bon. Croyez-moi, cela en vaut la peine et au bout d'un certain temps, vous vous demanderez pourquoi vous ne l'avez pas fait plus tôt !

Suppléments alimentaires

Comme nous ne trouvons pas toujours dans l'alimentation tous les nutriments dont nous avons besoin, il est important de prendre des suppléments alimentaires. Choisissez une marque réputée. Recherchez le logo « Santé publique et prévention » sur l'étiquette. Vérifiez soigneusement la posologie, car un comprimé par jour risque de ne pas suffire. Il faut habituellement en prendre au moins quatre, peut-être plus. Voici la posologie quotidienne :

- Bêta-carotène : 2 500-15 000 UI
- Thiamine (B_1) : 20-40 mg
- Riboflavine (B_2) : 20-40 mg
- Niacine (B_3) : 20-40 mg
- Acide pantothénique (B_5) : 20-100 mg

- Pyridoxine (B$_6$) : 20-35 mg
- Vitamine B$_{12}$: 100-600 mcg
- Acide folique : 400-1000 mcg
- Vitamine C : 1 000-2 000 mg
- Vitamine D$_3$: 600-2 000 UI
- Vitamine E : 200-400 UI
- Calcium : 650-1 200 mg
- Sélénium : 200 mcg
- Magnésium : 400-1000 mg
- Zinc : 20-40 mg
- Chrome : 100-300 mcg
- Biotine : 30-300 mcg
- Bore : 3-5 mg
- Coenzyme Q10 : 10-200 mg
- Huile de poisson/Omega-3 : 200-1 500 mg de DHA et 400-1 850 mg d'EPA
- Lutéine : 500-1 000 mcg
- Lycopène : 500-1 000 mcg

Facultatif :

- Glutathion : 2-10 mg
- Acide alpha lipoïque : 10-100 mg
- Inositol : 10-500 mg
- Choline : 10-100 mg
- Manganèse : 1-15 mg
- Cuivre : 1-2 mg

- Molybdène : 10-25 mcg
- Vanadium : 20-40 mcg

Rappelez-vous que le corps ne fabrique pas naturellement la plupart des vitamines et des minéraux dont il a besoin. *Nota :* La dose quotidienne recommandée et établie par la USDA a été conçue à titre indicatif pour prévenir les graves maladies causées par des carences. La nutrition maximale exige de plus hauts niveaux de nutriments.

3. Soyez fière de vous!

Comme je l'ai déjà mentionné, le premier signe annonciateur d'une formidable sexualité après la ménopause est un nouveau partenaire. Mais du calme... poursuivez la lecture. Il est prouvé hors de tout doute que rien dans la ménopause n'entraîne en soi une « panne d'équipement ». Et cela ne veut pas dire demander le divorce ni quitter votre partenaire actuel pour connaître une sexualité exaltante! Voici la bonne nouvelle : vous pouvez *devenir* cette nouvelle partenaire vous-même! En cours de route, vous pouvez ranimer tout le désir et tout le plaisir dont votre corps est capable.

Rappelez-vous que la périménopause est un point tournant de votre vie, une superbe occasion pour votre corps de se réinventer et de connaître des niveaux de joie et de plaisir dépassant vos rêves les plus fous. Comme c'est le moment de réévaluer votre vie et de décider de ce qui vous convient ou pas, vous avez la chance de redémarrer à neuf. La meilleure façon de faire cela consiste à vous amuser durant le processus. Changez, transformez-vous. Donnez libre cours à votre imagination (et à votre désir).

Si, par exemple, vous avez toujours voulu essayer une nouvelle teinte de cheveux, c'est le moment de le faire. Vous avez peut-être envie d'une coiffure différente (ou de trois, pourquoi vous arrêter à une seule ?). Ou alors, vous souhaitez changer votre façon de vous habiller, essayer des couleurs et des styles que vous n'avez jamais portés. Faites des essais pour trouver les vêtements et les accessoires qui vous plaisent et qui vous vont bien. Que diriez-vous de boucles d'oreilles extravagantes ? Voici une idée particulièrement amusante : allez vous acheter de nouveaux dessous, mais surtout rien de « raisonnable » ! Personne ne le saura sauf vous et, espérons-le, votre partenaire ! Rappelez-vous que la personne à qui vous désirez plaire d'abord et avant tout, c'est *vous*. C'est la clé pour vivre une sexualité épanouie et jouir d'une santé éclatante.

Si vous êtes intimidée par les idées que je suggère (la plupart d'entre nous le sommes au début), commencez par un petit changement — mais commencez quelque part. Lorsque j'ai porté pour la première fois un long chemisier en velours imprimé léopard après mon divorce, ma fille cadette a cru que j'étais devenue folle. Mais j'adorais cela !

(*Nota :* Lorsque vous vous réinventez, surtout sur le plan sensuel, il est très courant que vos enfants se sentent perturbés par votre nouvelle apparence ou votre comportement différent. Cela ne doit pas vous arrêter. Le plus beau cadeau à faire à vos enfants, c'est votre épanouissement personnel et votre bonheur. Vous êtes un modèle d'émulation pour ce qu'ils deviendront plus tard. Offrez-leur un modèle de femme pleine de vie, de sensualité et d'inspiration. Faites-moi confiance, avec le temps, ils vous en seront reconnaissants.)

Lorsque j'ai commencé à réinventer ma cinquantaine, ce chemisier imprimé léopard était le plus gros changement que je me sentais capable de faire. Mais au bout de quatre ou cinq ans, j'ai transformé toute ma garde-robe. Rappelez-vous que changer votre apparence et votre style consiste essentiellement à vous divertir vous-même, même si personne d'autre ne le voit! (À cet égard, il est également utile d'avoir une bonne amie qui vous pousse gentiment dans une direction nouvelle et plus jeune.)

«Miroir, miroir»

Voici autre chose à expérimenter qui peut faire une grande différence. J'appelle cela *l'exercice du miroir*. Tenez-vous devant le miroir deux fois par jour durant 30 jours et regardez-vous droit dans les yeux. En même temps, dites tout haut : «Je m'accepte inconditionnellement dès maintenant». (Si vous désirez vous engager sur la voie rapide tout de suite, ajoutez «Je t'aime. Tu es merveilleuse!») Prenez le temps de vous admirer dans le miroir et de vous regarder avec une grande tendresse, comme vous le feriez pour un chiot ou un enfant. Ce n'est pas le moment d'inspecter les imperfections, la peau flasque ou de nouvelles rides. C'est le moment d'apprécier votre teint radieux, la magnifique couleur de vos yeux, la chaleur de votre sourire, etc. Peut-être encore plus important, c'est le moment de regarder sous un nouveau jour ce qui autrement vous paraîtrait un défaut. Au début, cet exercice du miroir vous semblera idiot et peut-être même absurde. Il alertera également votre critique intérieur qui surgira dans votre esprit pour vous réprimander. Attendez-vous à cela — mais ne le laissez pas vous arrêter. L'exercice du miroir est très puissant pour la guérison et la transformation.

Lorsque vous observez votre ventre, par exemple, plutôt que de penser qu'il est flasque ou trop gros, pensez plutôt ceci : *Ce ventre a porté et nourri chacun de mes enfants durant plusieurs mois. Quelle joie ce ventre m'a apportée, ainsi qu'au reste du monde ! J'aime mon ventre !* Et si vous n'avez jamais accouché, aimez vos courbes simplement parce que ce sont les vôtres ! Lorsque vous observez vos jambes, ayez cette pensée : *J'ai tellement de chance d'avoir de bonnes jambes solides qui me permettent de marcher, de danser, de m'étirer, de me soutenir et de m'amener partout. Ce sont des jambes formidables !*

En réalité, vous vous regardez alors avec un regard *neuf*. Et plus vous apprécierez votre corps et tout votre être, plus vous vous sentirez sexy et érotique. Comme l'a dit Sophia Loren, « Rien ne rend une femme plus belle que lorsqu'elle croit qu'elle l'est ». Après tout, se sentir sexy commence par un travail *intérieur*.

Même si l'exercice du miroir vous semble bizarre au début, n'abandonnez pas. Il deviendra plus facile avec le temps, surtout quand vous constaterez à quel point les résultats sont positifs. Vous serez d'accord avec moi que la société n'aide pas les femmes à aimer leur corps. La plupart d'entre nous se comparent aux mannequins ultraminces et aux célébrités dont l'image réalisée avec art et retouchée envahit les médias tous les jours. Mais il est probable que votre corps soit normal, car le poids santé est supérieur à celui que vous voyez à la télévision et dans les magazines. Après tout, les mannequins sont plus minces que 98 pour cent des Américaines — il faut quand même en tenir compte ! Alors, plutôt que de scruter votre silhouette avec un œil critique, apprenez à le regarder avec amour et acceptez-le tendrement.

Voici un autre point important : ne vous motivez pas à faire cet exercice dans le but de vous sentir attirante aux yeux de votre partenaire. Bien que celui-ci bénéficiera sans aucun doute du fait que vous aimiez votre corps et vous sentiez plus sexy, c'est pour *vous* que vous le faites. Vous apprenez une nouvelle façon de vous voir et de vous parler. Vous apprenez une nouvelle façon de vous *aimer*. Et chaque pensée aimante et tendre imprègne votre corps de plus en plus de monoxyde d'azote. En passant, la plupart des hommes acceptent beaucoup plus le corps des femmes tel qu'il est que nous, les femmes.

Dorlotez-vous

Dorlotez-vous durant cette période de transition, surtout si vous n'y êtes pas habituée. Prenez des bains moussants plus souvent. Faites-vous faire les ongles des mains et des pieds et admirez leur apparence ensuite, en appréciant à quel point on se sent bien de se faire bichonner un peu. N'attendez pas une occasion spéciale ! Une amie a pour rituel de se masser les pieds chaque soir avec amour au moyen d'une merveilleuse crème à la menthe. Elle m'a dit qu'au début, elle trouvait bizarre et terriblement complaisant de se caresser les pieds ainsi, mais elle a rapidement fini par adorer ce rituel ! (Et ses pieds aussi, d'ailleurs !)

Allez à un comptoir de cosmétiques d'un grand magasin et demandez un changement de look. Changez d'eau de toilette, un parfum que vous n'essaieriez pas d'habitude. Tandis que nous parlons bichonnage, pourquoi ne pas vous permettre un massage ? Considérez cela comme une onction sacrée pour votre initiation à cette nouvelle étape de votre vie, car c'est précisément ce que le cap de la cinquantaine représente !

Plutôt que de gémir sur votre jeunesse qui s'en va, songez que cette initiation consiste à célébrer le fait que vous approchez les 50 ans (ou les 60, 70, 80 ou 90) ou les avez dépassés et êtes encore activement engagée dans la vie, tout en jouissant d'un beau corps en santé et sexy qui mérite un traitement spécial. Quand vous pouvez vous offrir ce genre d'attention et savez dans votre for intérieur que vous la méritez pleinement, vous êtes alors prête à recevoir l'attention affectueuse des autres, y compris celle de votre mari ou de votre partenaire. Rappelez-vous que recevoir est une aptitude à développer. Plus vous apprendrez à recevoir, plus vous serez capable d'attirer le plaisir et d'en jouir. Commencez par dire merci à chaque compliment qu'on vous fait!

Déployez votre créativité!

Un autre aspect vital de votre transformation et ouverture à votre véritable essence consiste à vous entourer de beauté et à vous servir délibérément de votre créativité. Réaménagez votre intérieur, ou pourquoi pas, achetez du nouveau mobilier ou repeignez les murs. Votre maison est le prolongement direct de votre moi profond. Voilà pourquoi les femmes rêvent constamment de maisons. À la cinquantaine, tout en se transformant sur les plans les plus intimes, de nombreuses femmes ressentent un urgent besoin de modifier leur intérieur aussi!

Je connais une femme dont les murs de la maison avaient toujours été de couleurs neutres jusqu'à son divorce, à cinquante ans. Après le départ de son mari, elle a repeint sa chambre en un jaune apaisant et inspirant et a installé des rideaux assortis. Elle a également acheté un nouveau dessus de lit, ainsi que des couvre oreillers de même motif. Chaque fois qu'elle entrait dans sa chambre, elle était ravie! Et chaque fois qu'elle ressentait ce ravissement, cela confirmait que non seulement elle se sentait bien dans la pièce, mais également dans sa nouvelle vie.

Procurez-vous des bouquets de fleurs fraîches et disposez-les dans quelques pièces de votre maison, là où vous pourrez les voir souvent. Faites jouer plus fréquemment la musique que vous préférez (et essayez d'en écouter d'autre qui pourrait vous plaire aussi). Si quelqu'un réalisait un film sur votre vie à partir de maintenant, quelle bande sonore choisiriez-vous ? Faites jouer cette musique !

Achetez une nouvelle œuvre d'art et placez-la bien en évidence. Mieux encore, *créez-en* une pour vous (ou pour offrir). Vous êtes à une étape de votre vie où votre essence créatrice est prête à se déployer plus que jamais, même si vous ne vous percevez pas comme quelqu'un de créatif. Essayez de rédiger un journal. Des études ont démontré qu'écrire ce qu'on ressent favorise la guérison sous toutes ses formes. Qui sait, vous pourriez aussi avoir une idée géniale pour écrire un article ou même un livre ! Peindre, sculpter ou apprendre à jouer d'un instrument de musique sont également de très bons choix. Un grand nombre de femmes reprennent des activités qu'elles aimaient autrefois, comme l'équitation ou le patinage. Vous pourriez suivre un cours de cuisine et inviter des amis pour tester des plats ; ou bien, photographier autre chose que des réunions familiales. Si vous aimez envoyer des courriers électroniques à vos amis, créez votre propre blogue. Et ne vous limitez plus à chanter sous la douche ! Pour vous aider : qu'est-ce que vous aimiez le mieux faire quand vous aviez 11 ans ?

Là se trouve la réponse de ce qui pourrait vous nourrir aujourd'hui.

Si vous avez déjà des projets créatifs en cours, ajoutez-y un petit quelque chose. Si vous aimez écrire, essayez la poésie. Si vous avez des talents pour le tricot, essayez la couture. Une collègue avait une maman très douée en couture. À la cinquantaine, elle a cessé de fabriquer des vêtements pour créer des ours en peluche (chacun portant un nom amusant) qu'elle habillait de façon extravagante avec tous les accessoires soigneusement choisis. Sa créativité a connu une véritable renaissance!

Tant qu'à être créative, pourquoi ne pas suivre des cours de danse du ventre? Ou de danse érotique autour d'un poteau? Vous avez compris que le principe consiste à bouger votre corps de façon totalement nouvelle. Pourquoi pas? Vous pourriez être agréablement surprise! Après tout, il n'y a pas de meilleure façon pour apprendre à aimer son corps et à se sentir sexy du même coup. L'idée derrière ces suggestions est d'élargir votre perception de vous-même et de ce que vous pouvez faire, car vous donnez naissance à un moi entièrement neuf. Ces cours sont offerts aux femmes seulement, et vous pouvez ainsi obtenir beaucoup de soutien de vos compagnes. Lorsque l'on renaît, ce soutien est essentiel, tout comme celui d'amies qui pensent comme nous.

Ne vous inquiétez pas si vous ne réussissez pas bien dans une activité que vous essayez pour la première fois, ou si vous décidez que vous n'êtes vraiment pas du type lingerie en dentelle rouge. Le principe consiste à vous amuser tout en retrouvant le meilleur de vous-même. Dolly Parton en parle dans ces mots : « Trouvez qui vous êtes et faites-le délibérément ». Repoussez sans cesse vos limites et savourez le processus. Vous serez absolument renversée par la nouvelle personne qui sommeille en vous !

4. Avancez. Ne reculez pas !

Renaître et embrasser un nouveau mode de vie suppose également de lâcher prise sur le passé. Cela se compare à faire le ménage de vos placards — lorsque vous jetez ou donnez ce dont vous ne voulez plus (ou qui ne correspond plus à ce que vous êtes en train de devenir), vous faites de la place pour les nouvelles choses dont vous avez besoin et que vous apprécierez davantage. Alors, en entamant cette nouvelle phase de votre vie, voyez-la comme l'occasion idéale de vous débarrasser des relations, des comportements et des croyances (y compris les pensées et les croyances relatives à des blessures affectives non guéries) qui vous retiennent et n'offrent aucun soutien à votre nouveau moi en train de naître. Pour déborder de santé, vous devez avancer et non pas reculer !

Laissez le passé derrière

Il est essentiel de lâcher prise sur le passé parce que si vous restez accrochée à de vieilles blessures et à des déceptions, vous ne vivez pas pleinement l'instant présent. Et si vous n'êtes pas dans l'instant présent, impossible de créer un avenir sain et heureux! Comme vous ne pouvez rien changer au passé, il est inutile de ressasser ce qui a été dit ou fait. Ça ne mène nulle part. En fait, nourrir le ressentiment — tout comme la plupart des émotions négatives — ne fait que stresser votre organisme, augmentant ainsi l'inflammation cellulaire, affaiblissant le système immunitaire et diminuant les niveaux de monoxyde d'azote.

Bien que vous ne puissiez pas changer le passé, vous *pouvez* probablement faire quelque chose (même si c'est peu) dès maintenant pour améliorer votre vie. Après tout, ce n'est que dans le présent que vous pouvez reconquérir le pouvoir de vous-même et prendre les mesures qui s'imposent. Donc, réfléchir à ce que vous *pouvez* faire ou changer, plutôt qu'à ce que vous ne *pouvez pas* faire, vous empêchera de rester coincée et vous permettra d'avancer. Si vous êtes contrariée par quelqu'un qui a une mauvaise perception de vous depuis longtemps, demandez-vous si vous préférez avoir raison ou… être en santé et heureuse. Et alors, faites en sorte de l'être! Rappelez-vous : ce n'est pas tant ce que la vie nous lance comme défis qui détermine notre degré de satisfaction, mais plutôt la manière dont nous réagissons aux circonstances et événements rencontrés en chemin.

Vous aurez probablement un grand nombre d'occasions de pratiquer cet exercice de «lâcher prise sur le passé» au mitan de la vie, car beaucoup d'émotions non guéries ont alors tendance à refaire surface. Tout semble surgir devant nous à tout moment. Malgré l'inconfort que cela suscite, voyez les choses de la façon suivante : c'est l'occasion idéale de guérir ce qui doit l'être afin de pouvoir enfin avancer. Cela fait partie des douleurs de l'accouchement de votre nouveau moi.

Quand vous étiez enfant, avez-vous déjà joué avec une ardoise magique — une sorte de tablette à surface noire cirée recouverte d'une pellicule de plastique grise ? On pouvait y écrire ou y dessiner, puis faire disparaître le tout en soulevant la pellicule. On retrouvait une ardoise vierge — littéralement. Voilà ce qu'il faut viser dans la démarche actuelle : effacer les marques noires du passé afin d'obtenir une ardoise nette pour y inscrire un potentiel tout neuf.

Votre ordonnance pour le pardon

Pratiquer le pardon sur une base régulière est une excellente façon de garder l'ardoise propre ! C'est possible même lorsque la personne contre laquelle vous êtes en colère est morte ou inaccessible. Voici ce qu'il faut savoir : le pardon ne concerne que vous, pas l'autre personne. Pardonner à quelqu'un signifie simplement que vous n'acceptez plus que ce qui s'est passé autrefois vous affecte aujourd'hui. Parfois, il est possible de régler le différend et de retrouver une bonne relation. Mais ce n'est pas toujours possible ni même envisageable. Vous devez alors avoir le courage de pardonner et de lâcher prise.

Il s'agit d'un processus et non d'un événement — surtout si la blessure tient sa source dans des abus sexuels de la part d'un parent pendant l'enfance. Mais quand c'est moins grave, comme un malentendu avec un patron ou un ami, j'aimerais que vous remarquiez quelque chose : si vous reculez de cinq ans, je parie qu'il y a plusieurs amis que vous ne fréquentez plus. Avec les années et les changements qui les accompagnent, vous finissez par vous détacher de certaines personnes qui faisaient partie de votre vie — surtout celles qui vous ont blessée d'une façon ou d'une autre. C'est naturel et c'est bien.

Les relations destructrices nous font souvent franchir les plus gros caps. On dit que « les épreuves font grandir », mais impossible de grandir en force et en sagesse — et de vivre une santé débordante et du plaisir à profusion — si vous restez accrochée au passé, en attendant que quelqu'un confirme votre douleur ou vous en délivre. En tant qu'adulte, vous devez vous assumer.

Une bonne façon de pardonner à quelqu'un consiste à installer deux chaises l'une en face de l'autre. Imaginez que vous êtes assise en face de la personne et que vous avez une conversation avec elle, que vous lui dites tout ce que vous avez sur le cœur. L'énergie qui circule alors favorise la guérison. Une autre méthode très efficace consiste à écrire une lettre à l'ange de la personne contre laquelle vous avez du ressentiment en y déversant tout ce que vous avez sur le cœur — la façon dont cette personne vous a blessée, à quel point vous ressentez de la colère, tout — puis en ajoutant ce que vous souhaiteriez qu'il arrive. Pour finir, brûlez la lettre. J'ai déjà constaté à quel point c'est miraculeux !

Je connais une femme dont le père alcoolique avait abusé d'elle et de sa mère, physiquement et émotionnellement. Elle avait accumulé une immense colère contre lui et se sentait parfaitement justifiée d'éprouver ce sentiment à cause des horribles méfaits qu'il avait commis. Elle ne semblait pas capable de se libérer de cette rage, même si son père était mort depuis 20 ans et que sa mère s'était remariée avec un homme très tendre, et qu'elle-même était heureuse en ménage et avait trois enfants.

Finalement, un soir, au cours d'une séance de méditation avec des amies, elle a visualisé son père, non pas comme l'adulte soûl et colérique qu'elle avait toujours connu, mais comme un petit garçon. Durant la méditation, elle a vu sur le visage de celui-ci la douleur et la détresse qu'il avait ressenties auprès de *ses* parents, et elle a pu entrevoir les origines de son désir de s'échapper dans l'alcool avant même que cela ne se concrétise. Elle s'est imaginée prendre dans ses bras ce petit garçon blessé qui lui paraissait maintenant davantage une victime qu'un bourreau. Elle l'a réconforté et bercé, en l'apaisant tendrement.

Réconforter et protéger en imagination ce petit garçon apeuré lui a semblé aussi naturel dans sa méditation que lorsqu'elle avait bercé ses propres enfants dans la vraie vie. Lorsque la séance a pris fin, elle a constaté que tout en ressentant toujours que la maltraitance de son père contre elle et sa mère n'était pas bien, elle n'éprouvait plus de colère à son égard. Elle avait franchi un énorme pas vers le pardon. Elle se sentait plus légère, plus libre — et mieux à même de se concentrer sur sa vie présente plutôt que de ressasser le passé.

Une des clés importantes pour pardonner consiste à ne plus consentir à vous poser en victime. Si vous êtes du genre à afficher vos blessures de guerre, le moment est venu de vous débarrasser de votre brassard ! Eleanor Roosevelt a affirmé : «Personne ne peut vous faire sentir inférieur sans votre consentement.» De la même façon, personne ne peut vous obliger à avoir un sentiment de victime si vous ne le permettez pas. Dieu merci !

«Je te pardonne, *mais...*»

Parfois, vous pouvez croire que vous avez pardonné, mais en réalité, le passé vous rattrape et le ressentiment demeure. Cela se produit quand vous pardonnez avec votre tête (ce qui veut dire par raisonnement), mais que votre cœur n'est pas totalement en accord avec cette décision. Une bonne façon de le savoir : si vous vous surprenez à dire que vous avez pardonné à cette personne pour avoir dit ou fait telle ou telle chose, *mais...*, alors c'est que vous ne lui avez pas vraiment pardonné. Le vrai pardon ne comporte pas de *mais*. Si vous pardonnez, vous pardonnez, un point c'est tout. Il n'y a pas de *mais* qui tienne.

Pour pardonner vraiment (et tirer le maximum de bienfaits des niveaux supérieurs de monoxyde d'azote qui se libère quand vous lâchez prise sur votre négativité), vous devez pardonner avec la tête *et* le cœur. La distinction est très importante, car le champ électromagnétique du cœur (le centre de vos émotions) est des centaines de fois plus puissant que celui du cerveau (le centre de vos pensées). Cela signifie que quoi que vous *pensiez*, ce que vous *ressentez* aura toujours le dessus. Toujours !

Mais comment y parvenir ? Encore une fois, cela revient à décider si vous voulez avoir raison, ou être heureuse et en santé. Vous devez choisir. Comme l'a découvert la femme qui a longtemps lutté avant de pardonner à son père alcoolique, le bien et le mal se confondent parfois, car rien n'est jamais aussi simple qu'on voudrait le croire. Les êtres humains sont des créatures complexes et tout est rarement tout noir ou tout blanc.

Le plus longtemps possible, observez la situation avec compassion et résistez à la tentation de laisser le jugement prendre le dessus. Ensuite, plutôt que de vous attacher au mauvais côté d'un souvenir ou d'une situation, vous serez naturellement plus encline à accorder votre attention aux mesures aimantes et efficaces à prendre. Plus vous focaliserez sur cet aspect, plus vous serez capable de rester dans le présent et de faire des progrès. Et plus vous travaillerez à pardonner, plus cela deviendra facile. Croyez-moi !

Vous pardonner à vous-même

J'ai parlé de pardonner aux autres, mais le fait est que très souvent, c'est à soi-même qu'il faut pardonner. Les femmes sont particulièrement douées pour se blâmer de ne pas atteindre des objectifs ridiculement idéalistes, comme ne pas être assez minces, pas assez sexy, pas assez intelligentes, pas assez perspicaces, pas assez affectueuses, pas assez fortes. Il se peut bien que vous soyez plus dure avec vous-même qu'avec qui que ce soit d'autre ! Mais vous réprimander n'a rien de bon ; cela ne fait qu'empirer votre perception de vous-même et ne peut pas vous aider à effectuer des changements positifs. Sans compter que ce n'est certainement pas bon pour vos niveaux de monoxyde d'azote !

Chaque fois que vous prenez conscience d'être trop critique contre vous-même, essayez l'exercice suivant : imaginez votre moi supérieur, votre ange gardien ou toute autre figure divine devant vous. Voyez cet être lumineux irradier son amour absolu et sa compassion. Observez-le poser sa main sur votre tête en vous appelant par votre nom et dire :

« Je te pardonne pour toutes les fois où tu as mangé trop de crème glacée, que tu t'es mise en colère, que tu n'as pas fait le ménage, que tu as laissé la lessive s'empiler, que tu as égaré quelque chose d'important, que tu es arrivée en retard ou que tu n'as pas tenu tes promesses envers toi-même ou quelqu'un d'autre. Je te pardonne d'être humaine, de ne pas être parfaite et de ne pas pouvoir rendre tout ton

entourage heureux tout le temps. Je te pardonne de douter parfois de ta valeur ou d'avoir peur. »

Laissez ensuite ce sentiment de pardon glisser sous votre peau, inonder votre corps et se rendre jusqu'au cœur. Ressentez-le irradier partout. Laissez-vous engloutir dans la lumière enveloppante du pardon et de l'amour. Et, en même temps, sachez que vous baignez votre cœur et votre corps dans l'énergie de la santé parfaite.

Vous pouvez pratiquer cet exercice de pardon chaque fois que vous en sentez le besoin. Rappelez-vous que le pardon est un processus et que, par conséquent, vous devrez libérer les mauvais sentiments un par un, au fur et à mesure qu'ils font surface. Voici un rituel de pardon de soi que je vous recommande de faire durant 40 jours. Allumez une bougie et dites une prière de votre choix. Ensuite, prononcez tout haut les mots suivants : « Maintenant, je me pardonne de tout ce que je ne savais pas ou que je n'ai pas fait dans le passé. Je me libère et je m'abandonne à la plus grande joie et au véritable sens de ma vie. »

Essayez de ne pas juger le procédé et de simplement le faire. Imaginez que vous nettoyez votre maison émotionnelle. Maintenant que vous vous êtes débarrassée de toutes les vieilles choses qui s'y étaient entassées, ressentez l'énergie du soleil qui pénètre par les fenêtres fraîchement lavées et qui remplit les pièces. Ça fait du bien, n'est-ce pas ? Et maintenant, *vous* pouvez vous sentir bien, à l'intérieur comme à l'extérieur !

5. Prenez conscience que vous êtes ce que vous croyez être

Le fait d'ignorer les mythes qui accompagnent la ménopause vous aidera à maximiser le plaisir (sexuel et autre) au mitan de la vie et par la suite. D'abord, vous devez écarter le mythe culturel selon lequel l'élan sexuel diminue après la ménopause. Ce n'est tout simplement pas vrai. Les plus récentes recherches indiquent que les femmes de 60 et de 70 ans vivent la meilleure sexualité de leur vie. Alors, pourquoi pas vous?

Par exemple, un sondage dont on a beaucoup parlé, effectué auprès de 3 000 hommes et femmes âgés de 57 à 85 ans, a été publié dans *The New England Journal of Medicine* en 2007. Non seulement la majorité des répondants étaient encore actifs sexuellement, mais la moyenne de leurs rapports était de deux ou trois fois par mois, soit la même fréquence que chez les jeunes adultes. Même parmi le groupe le plus âgé (75 à 85 ans), plus du quart faisaient encore l'amour!

Le sondage démontrait, par ailleurs, que les personnes en mauvaise santé signalaient moins de rapports sexuels tandis que celles qui se déclaraient en bonne santé en avaient davantage. Pour tout dire, une vie sexuelle active a *moins* à voir avec l'âge et *plus* avec une bonne santé. Or, comme vous vous concentrerez désormais sur la maximisation de vos niveaux de monoxyde d'azote et l'amélioration de votre santé, c'est là une excellente nouvelle!

Mieux encore : non seulement les adultes au mitan de la vie font plus souvent l'amour, mais ils aiment ça plus que jamais. La preuve figure dans un rapport sur une étude en cours portant sur le changement du mitan de la vie et qui a été dévoilé à la réunion annuelle de la Gerontological Society of America en 2007. Le rapport révélait que les Américaines de 55 ans et plus apprécient davantage leur sexualité, y pensent davantage et y mettent plus d'efforts que les femmes du même âge, il y a dix ans. Ce sont celles du groupe de 65 à 75 ans qui signalent la plus forte augmentation !

Les chercheurs qui ont mené l'étude ont expliqué la différence de la façon suivante : les femmes qui ont franchi la cinquantaine se sentent plus jeunes, parlent davantage de leurs besoins sexuels et sont plus intéressées par leur santé que les femmes du même âge, il y a dix ans. De plus, les femmes de 50 ans et plus d'aujourd'hui perçoivent une sexualité épanouie comme faisant partie d'un mode de vie sain.

Mais il y a plus encore. La seconde moitié de la vie offre une occasion unique de vous créer la meilleure sexualité qui soit, car pour que celle-ci soit véritablement satisfaisante (pour les hommes et pour les femmes), il faut un climat d'intimité authentique. Or, les relations intimes se caractérisent par l'engagement, la confiance et la vulnérabilité. Dans la seconde moitié de la vie, beaucoup d'hommes prennent contact avec leur côté maternant d'une toute nouvelle façon — ce qui favorise une plus grande intimité — et dans certains cas, pour la première fois. Voilà pourquoi tant de couples très unis déclarent que leurs meilleures années ensemble ont eu lieu après 50 ans, malgré des corps moins jeunes ! Comme le spécialiste en relations de couple, Harville Hendrix, Ph.D. l'explique : l'homme comme la femme peut alors devenir le guérisseur de l'autre. Quelle merveilleuse perspective !

Un nouveau regard sur la cinquantaine

La simple vérité est que *rien* dans la périménopause ou la ménopause ne diminue inévitablement votre élan sexuel ou le nombre d'orgasmes que vous pouvez avoir. Les problèmes qui surgissent parfois peuvent être traités facilement. Par exemple, si la sécheresse vaginale rend les rapports sexuels inconfortables, vous pouvez avoir recours à un petit peu d'œstrogène en crème que vous aurez obtenu auprès de votre praticien de santé ou vous procurer une crème lubrifiante vendue dans toutes les pharmacies. Problème résolu !

Si vous sentez votre libido s'étioler, vous avez peut-être simplement besoin d'un peu de temps pour vous habituer à votre nouveau moi qui émerge, et vous donner l'occasion de réévaluer vos objectifs et vos relations actuelles. La baisse de la libido est très courante et très temporaire ! C'est un peu le moyen que votre corps utilise pour s'assurer que vous vous accordiez le temps et l'espace nécessaires pour réaliser du travail intérieur. (Cela est particulièrement vrai si vous découvrez qu'un bon nombre de questions émotionnelles enfouies refont surface.) Vous retrouverez bientôt le « goût ».

Même si vous avez subi une hystérectomie ou l'ablation des ovaires, vous n'êtes pas hors de combat pour autant. Une petite hormonothérapie pourrait faire des merveilles pour vous, mais elle n'est pas toujours nécessaire. En effet, vous n'avez peut-être pas besoin d'hormones supplémentaires pour vous sentir sensuelle. Une de mes amies dans la cinquantaine en est un bon exemple. Il y a dix ans, elle a été traitée pour un cancer du sein, par ablation mammaire, chimiothérapie, radiothérapie et ablation de l'utérus et des ovaires. Présentement, elle jouit plus que jamais de la vie, y compris sexuellement. Tout ce dont elle a besoin, c'est d'un peu d'œstrogène vaginal sous forme d'un anneau de silicone (vendu sous le nom d'Estring) prescrit sur ordonnance et qui est placé dans le vagin. (Discutez toujours de l'utilisation d'œstrogène avec votre médecin personnel après un cancer du sein, car ce n'est habituellement pas recommandé, quoique je crois pour ma part que dans plusieurs cas, ce soit parfaitement sûr.)

« C'est de décider de me permettre d'éprouver du plaisir qui a tout changé, m'a-t-elle dit. Cette décision a stimulé ma libido et augmenté sensiblement ma lubrification vaginale », a-t-elle ajouté. (Le monoxyde d'azote a encore fait des merveilles !) Comme l'illustre l'histoire de mon amie, avoir une bonne relation avec votre partenaire (et avec vous-même), ainsi que ressentir une belle force vitale suffisent souvent à modifier vos niveaux hormonaux. Par conséquent, maximiser vos niveaux de monoxyde d'azote pourrait bien être tout ce dont vous avez besoin pour ranimer votre vie sexuelle !

Finalement, une sexualité épanouie commence toujours dans l'esprit. Le cerveau est le plus gros organe sexuel du corps et le plus important aussi. C'est d'ailleurs valable que vous ayez 28 ou 88 ans! Voici ce que cela signifie : si vous vous percevez comme un être sexuel, votre corps se conformera à cette image et réagira en conséquence. Vous vous sentirez sexuelle, agirez sexuellement, et penserez en termes sexuels. C'est ainsi! Je l'ai constaté très souvent : c'est vrai. Le plus gros obstacle à franchir pour vivre une sexualité épanouie consiste à accepter qu'il est effectivement possible de la connaître après la ménopause *et* de croire que vous la méritez!

Un mot sur l'hormonothérapie (qu'on appelait auparavant hormonothérapie substitutive) : certaines femmes se sentent vraiment mieux en prenant des hormones. Si vous avez tout essayé et que votre libido reste à la baisse, je vous recommande de faire vérifier vos taux hormonaux et ensuite de commencer par une faible dose d'œstradiol, de progestérone et/ou de testostérone bio-identiques. L'hormonothérapie est un art autant qu'une science et il faut parfois du temps pour trouver le dosage qui vous convient.

En général, je préfère l'approche transdermique qui consiste à appliquer une préparation hormonale sur la peau. Cela produit un effet plus naturel que la prise de comprimés. Évitez les hormones synthétiques qui ne sont pas exactement semblables à celles qu'on retrouve dans le corps de la femme, comme le Prémarine, le Provéra et Prempro. Beaucoup d'autres préparations hormonales sont disponibles sur le marché. (Pour plus de renseignements, veuillez lire la section qui traite des hormones dans mon livre *La Sagesse de la ménopause* ou consultez mon site **www.drnorthrup.com**).

Les centaines de milliers de femmes qui se dirigent vers le mitan de leur vie, à notre époque, redéfinissent farouchement les attentes culturelles — y compris celles de la sexualité à la cinquantaine. Réfléchissez : comme il est très probable que vous viviez au moins entre 30 et 40 ans après votre ménopause, il s'agit véritablement du « printemps » de la seconde moitié de votre vie.

J'en suis un bon exemple. J'ai eu une vie bien remplie et merveilleuse avant d'atteindre la ménopause. Mais depuis que j'ai terminé la transition vers l'autre moitié, ma vie a de loin dépassé mes attentes, dans tous ses aspects ! Ma capacité de joie s'est multipliée. Physiquement, j'ai non seulement perdu du poids, mais je suis devenue plus souple et en meilleure santé qu'avant. Et je ne me suis *jamais* sentie aussi sexy ! Si cela s'est produit pour moi, c'est valable pour vous aussi.

N'oubliez pas que la seule personne qui puisse vous empêcher de vous percevoir comme une femme indiciblement sexy, c'est *vous* !

Être votre propre meilleure partenaire

Une autre vision qui demande à être révisée est celle qui voudrait qu'il vous faille un homme (ou un partenaire) pour être heureuse. C'est insensé ! Ne pas avoir de partenaire ne signifie pas que vous êtes moins sexy, moins désirable, ou moins apte à créer de la joie et du plaisir dans votre vie et celle des autres. Bien que le fait d'avoir un conjoint puisse être une expérience extrêmement enrichissante et à laquelle vous aspirez, vous n'avez pas *besoin* d'un partenaire pour être une femme à part entière.

Si vous attendez qu'un autre vous fasse sentir entière, vous serez déçue. Personne d'autre que *vous* ne peut alimenter votre force vitale. Vous en êtes seule responsable. Vous êtes la seule à connaître votre propre vérité et la seule également à pouvoir dialoguer avec votre âme.

Je suggère que vous entamiez cette partie de votre cheminement en vous définissant comme un *sujet* sexuel et non pas comme un *objet* sexuel — c'est-à-dire en vous percevant non pas d'abord comme un véhicule destiné à offrir du plaisir aux autres, mais comme une femme parfaitement capable de se donner du plaisir et de la joie par elle-même. Ce changement de paradigme n'est pas seulement révolutionnaire, mais carrément évolutionnaire ! Pour le réaliser, vous devez consentir à prendre les rênes de votre vie et à devenir le maître de votre destinée. Oubliez la damoiselle qui attend que le prince charmant se présente et réalise ses rêves. *Vous* devez forger votre propre bonheur et faire du plaisir une priorité.

Au début, cela peut sembler un peu fou et même égoïste. Cela renverse les conventions, n'est-ce pas ? Mais lorsque vous prenez conscience sans l'ombre d'un doute que non seulement vous êtes *capable* de créer votre propre plaisir, mais que vous en êtes également *responsable*, vous cessez d'être déçue par (ou en colère contre) les personnes qui ne peuvent pas ou ne veulent pas vous en donner. Cela ne veut pas dire que personne d'autre ne peut vous procurer de la joie et du plaisir. Au contraire ! Sauf qu'en prenant la responsabilité de vous donner ce que vous voulez et ce dont vous avez besoin (aussi bien que de le demander aux autres, au moment opportun), vous aurez l'impression de mieux maîtriser votre vie et vous vous sentirez moins à la merci des caprices d'autrui. Franchir ce pas est délicieusement inspirant !

Voici pourquoi : lorsque vous commencez à mettre de la joie dans votre propre vie plutôt que d'attendre que quelqu'un d'autre le fasse (ou vous en donne la permission), vous entamez chaque journée et chaque interaction à partir d'une perspective plus saine, plus équilibrée, plus positive, aimante et généreuse. Comme vous n'aurez pas la main tendue, vous pourrez en disposer pour aider les autres. Vous serez plus que jamais capable de donner avec le cœur, sans rien attendre en retour. Quand vous en arrivez là, la joie qui en résulte n'a plus de limites. C'est un paradoxe : ceux qui donnent le plus (avec tout leur cœur) sont ceux qui reçoivent le plus. À présent que vous êtes au mitan de la vie, vous avez l'occasion de comprendre cela et de constater les effets sur votre corps et votre esprit d'une toute nouvelle façon.

S'ouvrir à la spiritualité

Lorsque vous commencez consciemment à incorporer plus de plaisir dans votre vie, non seulement vous faites l'expérience d'une joie plus profonde, mais vous ouvrez également la porte à ce qu'on peut décrire comme l'extase spirituelle. Cela est possible parce que vous êtes beaucoup plus qu'un corps physique : vous êtes un être physique *et* spirituel. Et tout comme votre esprit et votre corps sont intimement liés, vous êtes également connectée à la Source première. Quel que soit le nom que vous lui donniez — Moi supérieur, Esprit, Déesse, Dieu — l'énergie de la Source est le grand Tout dont nous faisons tous partie.

Lorsque vous abandonnerez le fardeau que vous traînez (celui des pensées qui vous limitent et de toutes les idées désuètes), puis que vous vous permettrez d'accepter et de réellement éprouver la joie illimitée et la passion qui vous attendent, vous ressentirez alors votre connexion à la Source plus fortement que jamais. Cette puissante connexion ne procure pas simplement du bien-être, elle nourrit votre âme. C'est comme un orgasme spirituel ! L'énergie déesse, la figure féminine de la Source, ne vieillit *jamais*. N'est-ce pas merveilleux ?

Rien de surprenant alors qu'en ressentant davantage l'énergie de la Source couler en vous, et que cette énergie extatique et inspirante se mette à faire des étincelles, l'expérience soit souvent assez érotique. Après tout, le plaisir en engendre encore plus. Alors, mesdames, attachez vos ceintures !

6. Comprenez que la sexualité et la santé vont de pair

L'extase sexuelle n'est pas un luxe; elle est plutôt essentielle à une bonne santé pour un certain nombre de raisons. En fait, les deux vont de pair. Pour comprendre pourquoi, vous devez d'abord reconnaître que la sexualité ne se passe pas seulement au-dessous de la ceinture, mais qu'il s'agit plutôt d'une expérience du corps tout entier. Plus encore, il s'agit d'un événement corps-esprit. Par conséquent, si vous ajoutez davantage d'un côté de l'équation, il va de soi que l'autre en bénéficiera également.

Par exemple, il existe une connexion réelle entre ce que j'appelle le «cœur inférieur» (l'utérus, le bassin, les organes génitaux et toute cette région de votre corps) et ce que j'appelle le «cœur supérieur» (le muscle cardiaque ainsi que le centre de vos émotions). Avoir un rapport sexuel qui fait intervenir le corps et les émotions entraîne un maximum de plaisir (qui peut prendre la forme de l'orgasme, mais tout aussi bien celle d'une intense sensation agréable). Mais ce n'est pas tout. Connecter le cœur inférieur au cœur supérieur en faisant l'expérience de l'extase sexuelle sur une base régulière conduit au plaisir optimal à un degré plus *grandiose*. Votre être physique, émotionnel et spirituel est en bien meilleure santé!

Feu Earle Marsh, M.D., de l'Institute for Advanced Study of Human Sexuality à San Francisco (et célèbre auteur de l'histoire intitulée *Physician, Heal Thyself* et qui figure dans ce que les membres des Alcooliques Anonymes appellent *Le Grand Livre*) dit ceci :

> Si les gens avaient un rapport plus sensuel avec ceux qu'ils aiment, ils seraient moins souvent malades, dormiraient mieux et il y aurait moins de monde à l'hôpital ou dans la tombe prématurément ! La tendresse, les câlins, les baisers, voilà ce qu'il faut ! Nous avons découvert que la sexualité constitue l'un des traitements les plus efficaces pour soulager la tension, source de tant de maladies. Une fois la tension disparue, l'intimité que procure la vie sexuelle continue à soigner et à guérir tous les symptômes. La sexualité, même sous forme de contact corporel, apporte un soulagement au corps tout entier !

J'ai très souvent pu en constater la confirmation dans ma propre vie aussi bien que dans celle des autres. Le concept a refait surface récemment lors d'une causerie que j'ai donnée à une séance de la *Mama Gena's School of Womanly Arts*, à New York. Regena Thomashauer (alias Mama Gena) enseigne aux femmes à vivre davantage de joie et de plaisir en s'acceptant et en acceptant leur vie. Avant de commencer, j'ai demandé aux femmes rassemblées si certaines d'entre elles avaient connu une guérison ou une amélioration de leur état de santé en suivant les cours de Mama Gena. Plus d'une douzaine ont levé la main.

Chacune a ensuite raconté comment le fait de cultiver délibérément le plaisir dans sa vie l'avait aidée à retrouver une meilleure santé, inversant, ou tout au moins, améliorant grandement des états débilitants comme le lupus ou des migraines qui les affligeaient depuis des décennies. Écouter leurs histoires a été incroyablement inspirant. Mon intuition initiale était exacte : cultiver délibérément le plaisir dans la vie contribue véritablement à guérir le corps.

Comment la sexualité vous garde en bonne santé

Permettez-moi de vous donner des exemples précis pour illustrer comment la sexualité crée la santé. D'abord, comme je l'ai mentionné au chapitre 3, le plaisir sexuel est associé à la libération de monoxyde d'azote depuis la paroi de vos vaisseaux sanguins. Or, ce gaz aide le sang à circuler plus facilement dans tous les organes vitaux, réduisant l'hypertension et diminuant l'inflammation cellulaire. Limiter l'inflammation cellulaire est important, car c'est celle-ci qui cause les maladies dégénératives, y compris les mortelles comme les maladies cardiaques, les infarctus, le cancer et le diabète, aussi bien que l'asthme, la maladie d'Alzheimer, la maladie auto-immune, les troubles digestifs, les déséquilibres hormonaux, l'ostéoporose et le Parkinson.

Il existe même la preuve scientifique du lien entre la fréquence des rapports sexuels et la longévité. Des chercheurs de l'université Queen's à Belfast ont étudié pendant dix ans 918 hommes du Sud du pays de Galles, âgés de 45 à 59 ans, pour savoir s'il existait un lien entre la fréquence des rapports sexuels et les maladies cardiaques. Dans une édition de 1997 du vénéré *British Medical Journal*, les chercheurs ont affirmé que plus les hommes avaient de rapports sexuels, plus ils vivaient longtemps. Ceux ayant signalé faire l'amour au moins trois fois par semaine couraient deux fois moins de risques d'attaque cardiaque et d'infarctus ! Bien qu'aucune étude similaire n'ait été menée jusqu'ici auprès des femmes, je ne vois pas pourquoi ce qui s'applique au jars ne s'appliquerait pas aussi à l'oie !

L'orgasme augmente aussi la fabrication des substances chimiques du cerveau et du corps qui procurent une sensation de bien-être et dont j'ai parlé au chapitre 2 — la bêta-endorphine et la prolactine, des neurotransmetteurs. Si vos niveaux de bêta-endorphine descendent trop bas, vous risquez d'avoir tendance à abuser de sucre, de pain blanc, d'alcool, de tabac ou de drogues — des produits qui engendrent du mal-être. Vous vous demandez ensuite, *Pourquoi ai-je fait cela ?* Par conséquent, pratiquer une sexualité régulière non seulement procure du bien-être, mais contribue également à éviter les envies qui conduisent à des habitudes et des comportements malsains.

Augmenter la prolactine, l'hormone favorisant le lien, accroît l'impression de sécurité et de réconfort de même que le sentiment d'appartenance, qui est essentiel à la santé du système immunitaire. La prolactine favorise également une tension sanguine normale et une sensation de calme. Ainsi, faire l'amour régulièrement renforce votre système immunitaire et votre système cardiovasculaire ! De plus, croyez-le ou non, une sexualité active peut améliorer l'odorat ! C'est parce que des taux plus élevés de prolactine encouragent la fabrication de nouveaux neurones dans la partie du cerveau qui contrôle l'odorat. On pourrait même dire que grâce aux taux plus élevés de prolactine, la sexualité aide votre cerveau à grossir!

En Orient, on considère que l'énergie sexuelle, c'est l'énergie vitale. Lorsque vous augmentez consciemment cette énergie sexuelle et la dirigez, soit durant la méditation soit durant le rapport sexuel (je vous expliquerai comment dans le chapitre suivant), celle-ci peut aider à réparer des organes du corps. Voilà pourquoi l'énergie sexuelle est l'une des plus puissantes pour créer de la santé et de la vitalité. Et il n'est pas nécessaire d'avoir un partenaire pour en bénéficier, car vous pouvez consciemment utiliser l'énergie sexuelle par vous-même! (Plus sur *ce* sujet dans le prochain chapitre également!)

Une bonne sexualité signifie aussi prudence

Veuillez prendre note de quelque chose de très important, c'est-à-dire que la sexualité et le plaisir sexuel ne peuvent améliorer votre santé que dans la mesure où vous prenez vos précautions. Si vous avez des rapports avec un nouveau partenaire ou si votre relation de couple n'est pas monogame, il est essentiel de vous protéger contre les infections transmissibles sexuellement, dont l'herpès génital, les vésicules génitales, l'hépatite B et même le VIH. Vous pensez peut-être que vous n'êtes pas à risque en raison de votre âge, mais le fait est que l'incidence du VIH parmi les gens de plus de 50 ans augmente deux fois plus vite que chez les jeunes adultes.

Il est vrai que la plupart des gens qui contractent des maladies sexuelles n'ont pas 50 ans. Et pourtant, 11 pour cent des nouvelles infections au VIH touchent les gens âgés de 50 ans et plus — ce qui est loin d'être négligeable. Après tout, un nouveau partenaire n'est pas plus sûr que n'importe quel autre que celui-ci a eu auparavant, ni plus sûr que tous les partenaires que *ceux-ci* ont déjà eus, et ainsi de suite.

Ce n'est pas pour vous faire peur que je vous transmets ces statistiques, mais plutôt dans le but de vous encourager à assumer *pleinement* votre santé. Et cela signifie de prendre toutes les précautions nécessaires pour vous assurer de ne pas contracter de maladies. Évitez complètement le contact des fluides de votre partenaire avec le vagin, l'anus et la bouche jusqu'à ce que vous ayez tous les deux passé les examens requis et que vous en connaissiez les résultats de part et d'autre. C'est la meilleure façon de vous respecter et de respecter votre partenaire.

Lorsque vous aurez pris les mesures nécessaires et saurez que vous pouvez parler ouvertement et franchement avec votre partenaire, le sentiment de sécurité et de protection qui en découlera (sans compter la plus grande intimité que vous ressentirez) rendra vos expériences sexuelles encore plus riches. Vous verrez!

La sexualité comme expérience spirituelle

Le plaisir sexuel nourrit également la santé spirituelle. La spécialiste en sexualité chez les humains, Gina Ogden, Ph.D., a mené le premier sondage à l'échelle nationale au sujet de l'intégration de la sexualité à la spiritualité en s'adressant à plus de 3 800 hommes et femmes sur une période de deux ans. Les données de son étude, qu'elle a intitulée *Integrating Sexuality and Spirituality* (ISIS) lui ont servi à rédiger deux livres jusqu'ici (*The Heart and Soul of Sex* et *The Return of Desire*), et un troisième est en cours.

Lorsque le docteur Ogden leur a demandé quelles qualités ils associaient à la sexualité dans leur vie, 83 pour cent des répondants ont déclaré l'unité avec une Puissance supérieure. De plus, elle a signalé que près de la moitié (47 pour cent) ont dit avoir ressenti la présence de Dieu au moment de l'extase sexuelle (qui peut signifier l'orgasme ou pas).

Rappelez-vous que lorsque vous éprouvez du plaisir sexuel, vous faites beaucoup plus que de passer un moment agréable. Vous invoquez en fait le Féminin Sacré et permettez à cette énergie de vivre et de grandir (et parfois même d'exploser) en vous. Dans un sens, le plaisir sexuel est un moyen de redonner vie à ce que vous avez de sacré, tandis qu'au même moment, ce caractère sacré redonne vie à votre corps physique.

Lorsque vous cherchez activement à améliorer l'expérience de la joie et du plaisir au quotidien, vous pouvez sentir votre force vitale croître et prendre de l'expansion. Il en résulte d'immenses bienfaits dans tous les aspects de votre santé : physique, émotionnelle et spirituelle. Vous programmez votre corps pour une meilleure santé chaque fois que vous acceptez le plaisir — sexuel et autre — dans votre vie.

Chapitre 5

Les 7 clés pour accéder à une sexualité et une sensualité épanouies après la ménopause

La voie menant à une sexualité épanouie et à un plus grand plaisir après la ménopause se résume à sept clés que vous allez bientôt découvrir. Il n'est pas nécessaire de les suivre dans l'ordre indiqué, et vous voudrez peut-être même en utiliser plus d'une à la fois. En fait, je vous y encourage fortement! Certaines vous paraîtront plus faciles que d'autres, et il se peut que vous ne vouliez pas tenir compte de toutes mes suggestions. Néanmoins, je peux vous assurer que chaque clé, interprétée à votre manière, est essentielle pour maximiser votre plaisir et votre santé — et connaître une sexualité torride. Alors, essayez de garder votre ouverture d'esprit, foncez tête baissée et *amusez-vous* à trouver ce qui vous convient le mieux!

I. Devenez une fervente exploratrice de votre propre plaisir

Portez attention à ce qui vous réjouit, vous inspire et rehausse votre moral. N'oubliez pas que tout ce à quoi vous accordez de l'attention s'amplifie! Par conséquent, si vous vous concentrez sur les choses qui vous plaisent, vous en obtiendrez davantage. (Inversement, si vous consacrez beaucoup de temps à penser à ce qui vous manque ou à ce qui ne vous plaît pas dans votre vie, devinez ce qui va se passer? Vous vivrez encore plus de choses négatives!)

Soyez aussi précise que possible et écrivez tout ce qui vous passe par la tête. J'aimerais que vous vous amusiez vraiment en faisant cela! Ensuite, essayez de trouver des moyens de réaliser vos désirs. Le principe consiste à culti-ver la joie, un moment à la fois. Par exemple, l'un de mes plus grands plaisirs est de prendre un bain chaud tous les soirs. Chaque fois que je voyage, j'insiste pour avoir une chambre avec baignoire plutôt qu'une simple douche. Me glisser dans l'eau chaude a quelque chose de très apaisant et cela me repose plus que tout.

Aimez-vous les dessous sexy? Allez vous en acheter de nouveaux — et portez-les! Pas seulement de temps en temps, mais souvent. (À quoi bon les laisser dans le tiroir de la commode?) Aimez-vous lire, pelotonnée dans votre fauteuil, mais sans jamais prendre le temps de le faire? Alors, levez-vous 15 minutes plus tôt ou, si vous n'êtes pas matinale, prenez la décision de vous coucher 15 minutes plus tôt le soir pour lire. Si vous appréciez les fleurs coupées, n'attendez pas que quelqu'un vous en offre. Allez en acheter une fois par semaine, même s'il ne s'agit que d'un bouquet de l'épicerie que vous ajoutez à vos courses. Mieux encore, commandez-en un de chez le fleuriste et demandez qu'on vous le livre accompagné d'un petit mot d'amour que vous aurez rédigé pour vous-même.

Si vous aimez les massages, prenez rendez-vous au moins une fois par mois. Si vous ne pouvez pas vous le permettre, convenez d'échanger une friction dans le dos ou un bon massage des pieds avec votre partenaire ou votre meilleure amie, sur une base régulière. Vous pourriez également apprécier un soin des mains ou des pieds chez la manucure ou la pédicure.

Vous avez peut-être régulièrement envie d'une soirée romantique au resto avec votre conjoint? (Qui n'aimerait pas cela?) Alors, demandez-le! Et soyez très précise au sujet de ce que vous voulez. Vous serez surprise de la réaction de votre partenaire qui sera plus qu'heureux de s'en occuper. (Si vous ne me croyez pas, essayez pour voir. Vous n'avez rien à perdre!) Même si vous allez simplement tous les deux en promenade pour observer les étoiles, par une chaude nuit d'été, vous serez en train de cultiver la joie.

Voici d'autres idées à mettre sur la liste : aller au cinéma plus souvent, faire une randonnée pédestre ou une longue marche une fois par mois, décider enfin d'apprendre à jouer d'un instrument de musique, téléphoner à une vieille amie à laquelle vous n'avez pas parlé depuis des lunes mais à qui vous pensez souvent, vous inscrire à un cours du soir pour adultes, adhérer à un club de lecture, apprendre un nouveau sport ou organiser un lunch ou un dîner entre amies une fois par mois. J'ai un jour décidé de prendre des cours de tango argentin avec des amies et nous avons eu un plaisir fou. Comme quoi le plaisir ne se limite pas à être romantique ou sexy !

Je connais une femme qui a totalement changé son état d'esprit du matin quand elle a simplement commencé à appuyer sur le bouton d'arrêt momentané de son réveil. Elle ne se l'était jamais permis jusque-là. Elle s'obligeait à le régler dix minutes plus tôt, mais dorénavant, plutôt que d'avoir une pensée négative en entendant la sonnerie, elle ressent le bonheur de se dire *Ah… Je peux faire taire ce réveil et rester confortablement au lit, bien au chaud, encore dix minutes.* Cette sensation positive donne le ton à une meilleure journée. Vous voyez ce que je veux dire ?

Voyez grand

Attirer les petites choses qui vous plaisent, c'est super et même merveilleux ! Je veux que vous le fassiez autant que vous le pouvez. Mais pourquoi vous arrêter là ? Vous pouvez encore beaucoup plus. En dressant votre liste, résistez à la tentation de vous limiter à ce que vous croyez possible ou probable. Ne censurez pas vos désirs. Notez les petites choses, mais les grandes aussi — même celles qui vous paraissent inaccessibles.

La vérité est que lorsque vous pensez grand, *de grandes choses arrivent*. Voici pourquoi : avec un peu d'économies, vous pouvez réaliser de petits projets. Mais si vous en économisez davantage, vous pouvez en financer de plus gros. Envisager ce que vous voulez qui se passe dans votre vie s'apparente à économiser de l'argent — plus vous y pensez et que vous l'entrevoyez, plutôt que de penser à ce que vous ne voulez pas, plus vous devenez apte à le créer.

Le désir est la voix de Dieu

Faites confiance à vos désirs les plus profonds et vous pourrez bientôt les voir se réaliser. Croyez-le ou non, l'univers veut vous rendre heureuse. C'est établi ainsi. Vos désirs personnels sont en fait le langage que Dieu/votre Puissance supérieure/la Source utilise pour s'adresser à vous directement afin de vous dire ce qui vous apportera le maximum de satisfaction. Dans la mesure où ils ne vous font pas de mal, ni à personne d'autre, ces désirs ne sont pas des plaisirs coupables. C'est exact, le plaisir durable et la passion sont des directives d'une Source supérieure. Vous ne devez donc pas les repousser, mais plutôt en profiter !

Pourtant, trop souvent, les femmes craignent de se connecter à leurs désirs parce qu'elles croient que ce serait égoïste. Ou alors, elles se sentent coupables d'aspirer à quelque chose, ou s'imaginent qu'elles ne méritent pas ce qu'elles désirent depuis longtemps. Si vous vous reconnaissez, je veux que vous sachiez ceci : entrer en contact avec vos désirs particuliers, puis faire en sorte qu'ils se manifestent n'est pas seulement bon pour vous, mais pour la planète tout entière. C'est exact ! Plus vous entrez en contact avec qui vous êtes vraiment, avec ce que vous voulez vraiment et que vous prenez les moyens pour l'obtenir, plus vous pouvez être généreuse avec votre entourage et plus vous inspirez les autres à faire la même démarche, eux aussi. Il y a un effet boule de neige et les résultats ont une portée infinie !

N'oubliez pas que vous devez votre existence au désir — au départ, ce sont en effet le désir et le plaisir qui vous ont créée (de même que vos enfants et tous ceux que vous aimez). Vous avez été conçue dans l'orgasme (tout au moins celui de votre père). L'univers tout entier a, en fait, commencé par un big bang !

Je suis sûre que certaines parmi vous sont plutôt satisfaites de leur vie présentement et ont l'impression de déjà cultiver une bonne quantité de plaisir et de joie. C'est formidable. Bravo ! Mais vous n'allez pas vous en tirer comme ça. Je vous mets au défi de cultiver encore *plus* de joie. C'est exact : regardez-y de plus près, cherchez encore pour trouver plus de choses qui vous aideront à éprouver régulièrement du plaisir, car en réalité, l'être humain est conçu pour connaître de la joie et du plaisir sans fin (les deux sont disponibles en quantités illimitées). Vous êtes sans cesse capable de ressentir plus de plaisir que vous n'en éprouvez déjà. Donc, quelle que soit votre position actuelle dans l'échelle de la joie, relevez vos manches et récoltez tout ce que vous pouvez. Votre santé et votre bonheur en dépendent!

2. Allumez le désir en vous!

Cette étape consiste à reprogrammer votre cerveau et votre corps afin de pouvoir accueillir un plaisir maximal. N'oubliez pas que le cerveau est le plus gros organe sexuel du corps! Votre sexualité dépend d'infiniment plus de facteurs que ce qui se passe dans les organes génitaux.

Les femmes ayant subi des blessures à la moelle épinière, et qui ne peuvent rien ressentir au dessous de la taille, sont encore capables d'avoir des orgasmes parce que leur cerveau peut recevoir des signaux de réaction sexuelle par des voies alternatives. Le chercheur en sexualité Gina Ogden, Ph.D., a signalé dans son ouvrage *Women Who Love Sex* que certaines femmes sont en mesure d'éprouver un orgasme simplement *en pensant* à ce qui les stimule sur le plan érotique. C'est possible parce que la réaction sexuelle est liée à l'être tout entier : physique, affectif, psychologique et spirituel.

Cela signifie que vous pouvez apprendre à *stimuler le désir en vous* en choisissant consciemment des pensées et des comportements qui non seulement permettront, mais de fait encourageront, votre corps, votre esprit et votre âme à se sentir plus jeunes, plus sexy et plus vivants. Vous pouvez allumer le désir en vous, que vous ayez ou non des rapports sexuels réguliers, que vous ayez un partenaire ou pas, ou que vous ne pensiez pas que ce soit possible. Si vous avez un corps et un cerveau et que vous respirez encore, vous pouvez entrer en contact avec votre sexualité et votre sensualité et apprendre à déclencher votre désir.

Pour allumer le désir il faut éteindre la négativité

Réveiller le désir demande d'abord de reprogrammer le cerveau pour créer des pensées positives et inspirantes. Mais cela exige également d'éliminer les façons de penser qui vous empêchent de ressentir toute l'énergie de votre force vitale — par exemple : *Je suis trop vieille, J'ai trop d'embonpoint pour être sexy, Je ne suis plus assez jolie*, et *Je n'ai plus l'énergie pour faire l'amour.* Comme il est probable que vous vous dites cela depuis un certain temps déjà, il faudra déployer beaucoup d'efforts pour passer à des pensées nouvelles qui vous apporteront plus de joie et nourriront votre force vitale. Soyez patiente.

La clé consiste à ne pas vous juger ni à vous blâmer d'avoir vos anciens modèles de pensée. D'ailleurs, dès que vous le faites (comme de vous dire, *Et voilà ! Je n'y arriverai jamais ! Je ne pourrai jamais programmer mes pensées !*), vous renforcez votre pensée négative. Alors, dès que vous remarquez les vieilles pensées flotter dans votre esprit, contentez-vous de vous dire quelque chose comme «C'est naturel d'avoir ces pensées. Et il est épatant de posséder le pouvoir de les changer». Puis, concentrez immédiatement votre attention sur n'importe quel autre modèle de pensée qui vous procurera un maximum de plaisir.

Par exemple, lorsque vous vous surprenez à penser : *Je déteste ces vieilles cuisses flasques. Beurk ! Qui pourrait bien les trouver belles ?*, changez immédiatement votre façon de penser et dites plutôt : *J'adore qu'on me caresse les cuisses et mon partenaire adore que je les enroule autour de lui quand nous faisons l'amour. Hum !* Adieu vos vieilles pensées automatiques au sujet de vos cuisses et bonjour les nouvelles, plus positives et plus agréables.

Je dois vous prévenir que cela n'est pas facile au début et peut sembler absurde. Mais le fait est que ça fonctionne. Croyez-moi et ne renoncez pas. Commencez à changer votre prochaine pensée négative, puis continuez systématiquement. Si vous perdez pied un moment, recommencez. Plus vous ferez ce changement consciemment, plus les pensées positives, inspirantes — celles qui stimulent la fabrication de monoxyde d'azote — se mettront à circuler dans votre esprit et attiseront le désir dans votre corps. Lorsque cela se produira sur une base régulière, vous trouverez beaucoup plus facile de constamment choisir des pensées positives jusqu'à ce qu'elles finissent pas devenir votre façon dominante de penser.

La raison pour laquelle cela fonctionne, c'est que les pensées positives et agréables vous connectent directement à votre force vitale. Cela se compare aux semailles que l'on arrose et qu'on entretient jusqu'à obtenir une magnifique récolte. En revanche, les pensées négatives, désespérées et critiques drainent votre force vitale. C'est comme si vous n'arrosiez jamais vos plantes et les gardiez loin du soleil : comment vous étonner qu'elles se dessèchent et meurent ? Fini tout ça ! Il faut changer d'attitude !

Une attitude positive est essentielle, car il est absolument nécessaire de vous respecter et de vous accorder suffisamment de valeur pour que vous *vouliez* rallumer le désir en vous et que vous croyiez *mériter* le plaisir. Si vous avez besoin d'un petit coup de main à cet égard, imaginez que vous êtes un dignitaire en visite, une personnalité célèbre que tout le monde aime et respecte, ou même une déesse, n'importe quel personnage qui, dans votre esprit, mériterait une grande attention et une considération spéciale. Imaginez de quelle façon vous seriez traitée si vous étiez cette femme et faites-le pour vous !

Mesdames, il est temps de vous y mettre !

Une formidable façon d'éprouver immédiatement le pouvoir de votre sexualité et de votre sensualité consiste à utiliser des affirmations qui allument vraiment votre feu intérieur. Voici quelques bons exemples :

- *Je fais l'amour dans l'abandon total. Je suis une force déchaînée de la nature, sexy et superbe.*

- *Je suis l'incarnation d'Aphrodite. Mon corps, mon esprit et mon âme sont des canaux entièrement ouverts pour accueillir l'extase sexuelle.*

- *Je suis complètement allumée et irrésistible. J'incarne l'abandon et le plaisir sauvages. Je suis la courtisane divine.*

- *L'amour divin et la sexualité divine m'éveillent maintenant au plaisir sexuel, au-delà de mes rêves les plus fous.*

Écrivez des affirmations de votre propre cru, en vous concentrant sur les mots et les phrases qui vous attirent le plus. Choisissez-en une et prononcez-la tout haut au moins deux fois par jour. Observez ensuite votre corps réagir à l'augmentation du monoxyde d'azote.

N'oubliez pas que la sexualité est une expérience totalement sensuelle qui fait intervenir tout votre corps et vos cinq sens. La vue, l'ouïe, le goût, le toucher et l'odorat peuvent jouer un rôle crucial dans le déclenchement du désir. Soyez créative et essayez ce qui vous convient le mieux. Les suggestions qui suivent font appel à au moins un, sinon deux ou plus, des cinq sens :

— Lisez des livres que vous trouvez érotiques. Ce peut tout aussi bien être des romans roses classiques (J'ai beaucoup aimé *The Wolf and the Dove*, de Kathleen E. Woodiwiss, ainsi que ses autres livres) que des ouvrages érotiques écrits à l'intention des femmes (comme la collection de nouvelles érotiques éditées par Lonnie Barbach, Ph.D.). Les romans érotiques d'Anaïs Nin (*Le Delta de Vénus* et *Petits oiseaux*) sont également d'excellents choix. Savez-vous pourquoi 80 pour cent des livres publiés de nos jours sont des romans romantiques ? C'est parce qu'ils attisent le plaisir des femmes. Une de mes amies les qualifient de *clitérature* !

— Regardez plus de films sensuels (avec ou sans votre partenaire). Pour la plupart des femmes, ceux qui comportent le plus grand potentiel sont soutenus par une belle bande sonore, un bon scénario et un bon éclairage. (Les films pornos vulgaires ont un effet totalement contraire sur moi et sur une bonne partie des femmes.) Voici quelques suggestions : *La fleur du mal, Emmanuelle, Emmanuelle II* et *À fleur de peau.*

Quels que soient les films sensuels ou érotiques que vous regardez (ou les livres que vous lisez dans le genre), assurez-vous qu'ils ne comportent rien de dégradant pour les femmes. Puiser dans votre sensualité doit contribuer à construire votre estime personnelle et non pas à la détruire.

— Réaménagez votre chambre pour qu'elle soit plus sensuelle. Choisissez des couleurs et des tissus qui rappellent les tons tendres de la peau, comme les teintes de rose, de pêche, d'ivoire et de beige. Achetez les draps les plus raffinés que vous pouvez vous permettre, installez un éclairage flatteur pour le teint et assurez-vous que l'espace est reposant et invitant. (Cela signifie d'éliminer le pupitre où vous réglez vos factures, l'exerciseur et très certainement votre ordinateur!)

— L'aromathérapie présente également de l'intérêt. Allumez des bougies parfumées ou faites brûler de l'encens. Servez-vous d'huiles de massage parfumées — certaines sont même aromatisées! Portez votre eau de toilette même quand vous n'avez pas de sortie (et variez les parfums suivant votre humeur). Déposez un sachet parfumé dans votre tiroir à sous-vêtements.

— Faites jouer de la musique qui vous met dans l'ambiance. Ce sont peut-être de douces chansons d'amour ou du folk classique ou, au contraire, de la musique de danse au rythme endiablé. Vous pourriez essayer un choix de vieux succès de votre jeunesse, mais choisissez les chansons qui vous rappellent de bons moments. Il y a aussi des enregistrements des sons de la nature : de nombreuses femmes trouvent que le bruit des vagues ou de la pluie est particulièrement érotique.

— Portez de la lingerie affriolante (même si vous dormez seule) et des dessous sexy (même si ce n'est que pour aller au travail ou à l'épicerie, ce jour-là). C'est très sensuel de marcher en sachant que vous avez ce secret !

— Prenez des bains sensuels à la bougie, soit des bains moussants ou agrémentés d'huile parfumée et mettez de la musique. Appliquez une bonne crème parfumée sur tout le corps après chaque douche ou chaque bain. Trouvez des moyens sensuels d'aimer toucher et caresser votre corps, mais sans que ce soit nécessairement sexuel.

— Fantasmez plus souvent. Il n'est pas nécessaire d'imaginer une scène de sexe torride, mais tant mieux si vous le faites ! Tout ce qu'il suffit de visualiser, c'est quelque chose qui vous fasse sentir attirante et vivante. Vous pourriez avoir le fantasme de porter une robe sexy et d'entrer dans une pièce pleine de gens où vous flirterez avec un beau gars, de vous prélasser sur la plage dans un maillot hallucinant (ou peut-être même les seins nus !) ou de partager un dîner romantique avec votre partenaire (nue, bien entendu).

Lorsque vous aurez pris goût à vous sentir sexy, vous adorerez la sensation que cela procure. Et vous trouverez rapidement de plus en plus de nouvelles idées. N'oubliez pas que si vous pouvez en rêver, vous pouvez le réaliser. Votre corps ne sait pas faire la différence entre le fantasme et la réalité. Il réagira donc très positivement à vos pensées torrides, et cela, chaque fois !

3. N'oubliez pas qu'une femme excitée est irrésistible!

Votre désir — votre aptitude à être excitée — est du Viagra virtuel pour votre partenaire. Il n'y a pas plus puissant aphrodisiaque sur la planète qu'une femme qui se sent irrésistible. Quelle belle position de pouvoir! Lorsque vous vous sentez délicieusement sexy (que vous ayez ou non un partenaire présentement), vous dégagez une force vitale et un enthousiasme carrément contagieux! Par exemple, j'ai rencontré plusieurs femmes dont le mari n'a plus connu de problèmes d'érection une fois qu'elles avaient commencé à éprouver plus de plaisir dans leur vie.

En tant que femme, *vous* êtes dépositaire de l'excitation ainsi que la source de celle-ci! Chaque fois que *vous* vous sentez attirante et sexy, *il* (ou elle, suivant la préférence sexuelle) vous trouvera attirante et sexy. C'est aussi simple que cela. Sauf que pour que cela se produise, vous devez sentir que vous allumez votre désir pour *vous* et non pas pour quelqu'un d'autre. Si vous le faites pour quelqu'un d'autre, ce que vous direz et ferez ne sonnera pas aussi vrai et n'aura pas le même effet non plus. Ce n'est que lorsque vous allumez votre désir pour votre propre plaisir et pour en tirer bénéfice que vous êtes en mesure de produire le genre d'énergie sexuelle magnétique de haut voltage qui procure les meilleurs rapports sexuels que vous ayez eus de toute votre vie.

Les femmes sont les dépositaires de l'excitation parce qu'elles ont une réaction globale à la force vitale partout où on la voit. Par exemple, une étude récente montre que le flux sanguin dans les organes génitaux d'une femme augmente lorsqu'elle voit des couples faire l'amour (n'importe quel couple, hétérosexuel ou homosexuel des deux sexes). En revanche, l'homme réagit sexuellement en observant deux femmes ou une femme et un homme, mais pas en voyant deux hommes, sauf s'il est lui-même homosexuel ou bisexuel. Cela ne veut pas dire que les femmes ayant fait l'objet de l'étude sont bisexuelles ou lesbiennes parce qu'elles réagissent à la force vitale sexuelle dans tous les cas de figure (ce qui n'a rien de répréhensible en soi, comme dirait Jerry Seinfeld). Cela signifie que chaque fois que les femmes voient la force vitale à l'œuvre, elles y réagissent à la manière d'un diapason. Les femmes — vous y compris ! — sont la source même du désir.

Des preuves scientifiques appuient cela. Des chercheurs ont découvert qu'en période d'ovulation, par exemple, l'ovule envoie un signal chimique qui attire les spermatozoïdes. Les femmes dégagent également des phéromones (des molécules inodores sécrétées par les glandes des aisselles et de la région pubienne) qui les rendent plus attirantes pour les hommes durant l'ovulation. On pourrait dire que les femmes possèdent une sorte de magnétisme chimique, une force subtile qui attire les gens autour d'elles.

Qui plus est, cette force n'est pas limitée à l'attirance sexuelle. Tout le monde autour de vous ressent l'attrait que vous exercez. (Vous pouvez sans doute le constater dans l'attitude de vos enfants ou chez d'autres membres de votre famille — les enfants semblent en général préférer leur mère et se tiennent très certainement plus près d'elle que de leur père quand ils sont contrariés ou angoissés.) Le pouvoir d'attraction des femmes est nettement primaire !

Qui, *moi*?

La plupart des femmes ne connaissent pas l'immense pouvoir qu'elles exercent dans ce domaine. Notre culture encourage les femmes à constamment se comparer à ce que la société juge beau et sexy, si bien qu'elles se sentent inférieures quand elles décident qu'elles ne sont pas à la hauteur. Une autre règle tacite de notre culture est que toute femme ayant une certaine valeur vit avec un homme, et que par conséquent, si vous n'avez pas de compagnon, c'est parce que vous n'êtes manifestement pas désirable. Quelle farce grotesque ! Il n'y a qu'une seule personne sur la planète qui doit vous percevoir comme quelqu'un de formidablement sexy et c'est *vous*. Lorsque vous vous percevrez comme une force débridée de la nature, superbe et sexy (rappelez-vous vos affirmations), les autres ne pourront faire autrement que de vous voir du même œil, eux aussi.

Beaucoup d'hommes m'ont dit être davantage attirés par une femme rondelette et d'apparence ordinaire, mais qui parle, bouge et s'habille comme si elle était une merveille de la nature, que par une très belle femme trop soucieuse de son apparence et de compagnie ennuyeuse. Cela ne veut pas dire de vous promener à moitié nue et de jouer les agui-cheuses pour vous faire remarquer. Je parle de votre âme de déesse ici, et non pas de votre potentiel de croqueuse.

Mais ne me croyez pas sur parole. Faites-en l'expérience vous-même au moyen de l'exercice suivant, qui est très amusant : songez à une actrice ou même à l'un de vos per-sonnages de livre favoris, qui a un côté sexy. Puis, durant un après-midi ou une soirée, faites semblant que vous êtes cette femme — marchez comme elle, parlez comme elle et pensez comme elle. Vous pourriez même essayer de vous habiller comme elle pour faire durer la sensation. Sortez faire vos courses habituelles, allez au resto ou simplement faire une promenade. Remarquez les réactions des gens en leur parlant (ou même seulement en les croisant dans la rue). Vous risquez de vous surprendre vous-même !

Affichez vos atouts

Je suis sûre que vous avez déjà entendu dire : «Si vous avez un atout, mettez-le en valeur !» Eh bien, nous avons *toutes* un atout, vous également. Et si vous ne l'affichez pas, personne ne le fera à votre place. Ne gardez pas votre secret pour vous plus longtemps. Dévoilez-vous (c'est une méta-phore, bien entendu !)

Oubliez d'essayer de devenir ce que vous pensez que tous les autres (ou tout au moins les membres du sexe qui vous attirent) veulent que vous soyez. Célébrez qui vous êtes et ce que vous êtes. Si vous êtes grande, soyez fière de votre taille ; ne portez pas de chaussures plates et ne courbez pas le dos. Si vous êtes plus ronde que vous ne le souhaiteriez, envisagez de mettre vos atouts en valeur en montrant davantage votre décolleté, par exemple.

Quand vous faites valoir vos atouts plutôt que de donner l'impression de vous excuser de vos défauts ou de cacher vos qualités, cela change tout et de la bonne façon. Votre conversation est plus spirituelle et plus savoureuse et vous riez plus souvent. Votre visage est plus amical et on vous sent plus accessible. Vous avez plus de plaisir. Alors, n'hésitez pas !

Lorsque vous ne vous cachez pas de vous-même (et de votre entourage), vous vous intéressez davantage aux autres et ceux-ci s'intéressent plus à vous également, les hommes *comme* les femmes, d'ailleurs. Autrement dit, quand vous vous intéressez à vous-même, le reste du monde s'intéresse à vous. Les hommes (ainsi qu'un grand nombre de femmes) vous trouveront fabuleusement enivrante, que vous soyez ronde ou menue. (N'oubliez pas que suivant les normes actuelles, même Marilyn Monroe serait considérée comme un peu trop costaude. Et qui *oserait* dire qu'elle ne dégageait pas de sex-appeal ?)

Un délicieux dialogue

Maintenant que vous savez comment allumer votre désir et celui de votre partenaire, voici un petit conseil concernant ce qui se passe ensuite. Afin de connaître une sexualité exaltante, vous devez *vous garder* en état de désir permanent. Ne remettez pas la responsabilité à votre compagnon à partir du moment où vous vous retrouvez tous les deux sous la couette. Les hommes en particulier ressentent une énorme pression en termes de performance, car notre culture stipule qu'ils sont censés savoir exactement quoi faire pour satisfaire les femmes, chaque fois. Pas étonnant que tant d'hommes connaissent des dysfonctions érectiles !

Voici un conseil : libérez-le des devinettes. Dites à votre partenaire ce que vous aimez et demandez-lui ce que vous souhaitez, ou, tout au moins, réagissez à ce qui vous plaît. Les relations sexuelles sont extrêmement plus stimulantes, accompagnées d'un peu d'orientation. Ce n'est pas le moment d'être timide ! Non seulement votre partenaire ne sera pas insulté, mais il sera plutôt ravi d'être informé, comme si on lui transmettait un renseignement privilégié, et il en tirera lui-même satisfaction, espérons-le. Savoir qu'il vous emmène au septième ciel (et au-delà) est *terriblement* excitant pour lui.

Bien entendu, pour pouvoir dire à votre partenaire ce que vous voulez exactement et de quelle façon, il faut déjà que vous le sachiez. Vous serez donc en meilleure position pour apprendre à votre compagnon à être un bon amant si vous connaissez aussi bien vos préférences que ce que vous n'aimez pas sur le plan intime, ce qui nous amène à la partie qui suit. Prête à plonger ? Tant mieux ! Mais oubliez votre maillot… Dans cette section, mesdames, nous allons plonger à poil !

4. La pratique garantit le plaisir!

Vous ne pouvez pas vous attendre à ce que votre partenaire devine ce qui vous plaît sexuellement si vous ne savez pas vous-même ce qui vous procure du plaisir. Il (ou elle) n'est pas né(e) en sachant ce dont vous avez besoin au lit. Et vous non plus d'ailleurs! Il s'agit de quelque chose qu'on acquiert, car tout n'est pas qu'instinct; n'essayez donc pas de guider une autre personne dans un territoire où vous ne vous êtes jamais aventurée vous-même. Commençons l'exploration!

Comme l'a dit un jour (à la télévision, rien de moins) Jocelyn Elders, M.D., le premier chirurgien général afro-américain : «Nous savons que plus de 70 à 80 pour cent des femmes se masturbent et que 90 pour cent des hommes le font; le reste ment.»

Je veux dire d'ores et déjà que je déteste le mot *masturbation*. Il comporte tellement de connotations lourdes et honteuses. Je préfère le terme qu'on trouve dans la littérature taoïste ancienne : *l'apprentissage sexuel personnel* (*self-cultivation*). L'apprentissage sexuel personnel et se donner du plaisir ne comportent que des notions de développement positif, de jouissance, d'amusement et de satisfaction.

Mais il faut de la pratique. C'est la seule façon de découvrir ce qui vous excite vraiment. L'apprentissage sexuel personnel consiste à découvrir comment insérer la clé dans votre propre démarreur, comme l'indique Regena Thomashauer (Mama Gena). C'est la manière de refaire votre installation électrique dans le but d'obtenir le maximum de plaisir et de produire du monoxyde d'azote. C'est également une pratique *saine* et inspirante, au même titre que la méditation ou l'exercice. En plus de vous procurer du bien-être, la pratique régulière de vous donner du plaisir garde le vagin bien lubrifié et améliore le flux sanguin dans la région pelvienne. La stimulation des mamelons améliore même la santé des seins. Alors, pratiquez sur une base régulière, au moins deux fois par semaine !

Le pouvoir de la respiration

La respiration est essentielle pour cultiver l'énergie sensuelle et sexuelle, car elle contribue à faire circuler les sensations agréables dans tout le corps afin de les éprouver pleinement. Vous en viendrez à pouvoir déplacer consciemment cette énergie vitale autour de votre corps, à volonté, en vous servant simplement de votre respiration et de votre intention. Au cours d'une relation sexuelle (avec vous-même ou avec votre partenaire), vous pouvez même diriger l'orgasme dans tout votre corps, afin qu'il puisse remplir chaque organe et pénétrer dans vos os. Merveilleux !

Pour commencer à comprendre comment cela fonctionne, je vous recommande d'essayer les exercices de respiration suivants, basés sur d'anciens principes taoïstes. Le Tao est un terme chinois qui signifie « la voie » et fait allusion à la façon dont l'univers est agencé et à la manière dont l'énergie circule dans le monde naturel. Traditionnellement, plusieurs de ces pratiques n'étaient accessibles qu'à une élite, mais plus récemment, on a commencé à en parler ouvertement et elles ont été enseignées non seulement en Asie, mais également dans le monde entier. Selon mon expérience, les femmes qui pratiquent ces techniques ont une énergie illimitée et un air de jeunesse inégalé.

Les exercices que je vous propose sont enseignés par Saida Désilets, fondatrice de la méthode «Désilets», un programme consacré à l'apprentissage et à l'épanouissement de l'énergie sexuelle. (Tous ces exercices et plusieurs autres sont décrits en détail dans le livre de Saida, *Emergence of the Sensual Woman*, ainsi que dans son DVD, *Tao of Ener'chi*, que je recommande chaudement. Pour plus de renseignements, visitez son site web : **www.thedesiletsmethod.com**)

Commencez simplement par fermer les yeux et respirez lentement et profondément (ne vous contentez pas de remplir vos poumons, gonflez le ventre puis remontez). Abandonnez-vous à la sensation de respirer et prenez conscience de tout votre corps qui absorbe de l'énergie vitale à chaque respiration. Savourez ce moment pendant un certain temps.

Puis, en vaquant à vos occupations durant la journée, pensez à élargir vos sens, dans tout le corps, comme vous l'avez fait en respirant. Quand vous mangez, ne vous limitez pas à goûter avec la langue, mais faites participer tout le corps, jusqu'au bout des orteils. Quand vous voyez quelque chose de beau, imaginez que tout votre corps, pas seulement vos yeux, le voit aussi. Faites de même avec l'odorat, et laissez les parfums pénétrer dans votre peau plutôt que seulement par le nez.

Lorsque vous êtes consciente de votre respiration et à quel point celle-ci est intimement liée à votre sensualité et à votre sexualité, vous êtes prête à commencer à accéder à votre énergie sexuelle, à la maîtriser et à la faire circuler. Vous éveillez alors votre système nerveux en faisant passer votre conscience par une voie spécifique qu'on appelle l'orbite microcosmique. Cette orbite part du périnée (la partie du corps située entre le vagin et l'anus) et remonte le long de la colonne vertébrale, traverse la tête et la langue, puis descend sur l'avant du corps pour revenir au périnée (voir l'illustration à la page suivante).

C'est en plaçant la langue au palais que vous vous connectez à cette orbite. Faites-le et, en inspirant, visualisez une boule dorée d'énergie vitale qui monte le long de la colonne vers la tête. Retenez votre respiration un instant en imaginant l'énergie faire une spirale dans votre cerveau. En expirant, visualisez l'énergie redescendre sur le devant de votre corps pour compléter l'orbite.

Lorsque l'énergie arrive au nombril, vous pouvez choisir de la faire tournoyer autour, puis de la remiser là comme une perle précieuse pour plus tard, ou alors de la laisser poursuivre son circuit jusqu'au périnée.

Quand vous essaierez l'exercice pour la première fois, réservez-vous le temps nécessaire pour bien vous concentrer sur l'orbite et faire circuler l'énergie. Plus tard, vous pourrez

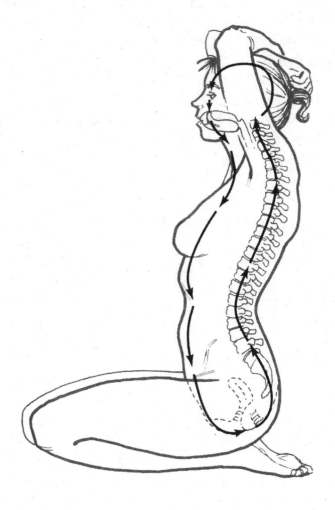

© Christiane Northrup, M.D.
Illustration de Mark Hannon

le faire n'importe où et n'importe quand, aussi souvent que vous y penserez. Avec de la pratique, comme vous éveillerez de plus en plus votre force vitale, vous serez capable de ressentir véritablement l'énergie circuler. C'est surprenant!

Cette orbite harmonise et équilibre le corps et amplifie l'orgasme. (Imaginez que c'est comme si vous regardiez à travers une vitre étincelante de propreté, enfin nettoyée du film qui la recouvrait.) Plus vous pratiquerez cet exercice, et plus tous les plaisirs (y compris l'orgasme) seront amusants!

Les six sons qui guérissent

Saida enseigne également une pratique appelée les Six sons guérisseurs (basée sur la sagesse du maître taoïste Mantak Chia's du Tao universel) qui contribue à transformer les sensations stressantes et négatives en émotions plus positives et inspirantes (lesquelles vous donnent alors un meilleur accès à votre énergie sensuelle et sexuelle). Voici donc les sons que vous pouvez émettre et les exercices qui les accompagnent pour vous aider à en rehausser l'effet. Pour chaque exercice, émettez le son en expirant :

- *Ssssssss (poumons)* : les bras au-dessus de la tête, tournez les paumes en l'air et regardez vers le haut. Imaginez que vous inspirez du courage et de la confiance en vous; puis, en expirant, visualisez que vous évacuez la tristesse et l'auto-critique, en n'oubliant pas d'émettre le son sssssssss.

- *Chooooooo (reins)* : les mains posées sur les genoux, faites le dos rond et regardez droit devant. Inspirez de la douceur et du calme puis, en émettant le son, expirez la peur et le doute.

- *Shhhhh (foie)* : joignez les mains au-dessus de la tête, paumes vers l'extérieur, penchez-vous vers la gauche et regardez en l'air. Inspirez la gentillesse et l'acceptation de soi, puis expirez la colère et la frustration.

- *Ahhhhhhhh (cœur)* : dans la même position que l'exercice précédent, penchez-vous vers la droite cette fois. Inspirez l'amour, la joie et le respect ; puis expirez la précipitation, l'impatience et l'apathie.

- *Hoooooo (rate)* : appuyez les doigts sous le côté gauche de la cage thoracique en vous penchant en avant. Inspirez l'ouverture d'esprit et l'équité, puis expirez le stress et l'inquiétude. (Émettez ce son de façon gutturale, en contractant légèrement les muscles de la gorge.)

- *Shiiiiiiii (thermostat corporel)* : en commençant par le dessus de la tête, imaginez que vos mains descendent le long de votre corps, munies d'un rouleau à pâtisserie. Descendez, paumes vers l'intérieur, depuis la tête jusqu'aux hanches et terminez le mouvement en pointant les doigts vers le sol. Inspirez la vitalité rayonnante et expirez tout surplus de chaleur, ainsi que la vielle énergie malade.

Le sourire intérieur

Le dernier exercice du Tao universel, simple mais puissant, que Saida a adapté spécifiquement pour l'apprentissage de l'énergie sexuelle, et dont je vais vous faire part, s'appelle le sourire intérieur. Il contribue à créer une relation maternante avec vous-même en approfondissant votre aptitude à l'intimité.

Fermez les yeux et rappelez-vous le sourire de quelqu'un que vous aimez et en qui vous avez confiance. Tandis que vous sentez s'esquisser le sourire que vous voulez lui rendre, dirigez celui-ci dans votre corps. Imaginez que vous souriez dans chaque organe et chaque partie de votre corps (y compris le cœur et les organes génitaux), surtout les parties pour lesquelles vous n'avez pas beaucoup de sympathie. (Je recommande de poser la main gauche sur le cœur et la main droite sur vos parties génitales durant cet exercice, en envoyant consciemment l'énergie aimante de votre cœur « supérieur » à votre cœur « inférieur » — vos organes génitaux.)

Cet exercice est extrêmement apaisant et très transformateur. En étant capable de sourire à chaque partie de vous-même et d'éprouver du respect et de la joie à l'égard de qui vous êtes, vous puiserez dans le potentiel infini de votre plaisir. Voilà un moyen de rendre hommage à la plus grande source de honte des femmes et de la transformer en votre plus grande source de plaisir.

Connaître son clitoris, c'est l'aimer

Bien que de nombreuses zones de votre corps soient extrêmement sensibles (les lèvres et les mamelons sont délicieusement érogènes, par exemple), le clitoris est sans aucun doute la clé de votre satisfaction sexuelle, car il est le siège de tous les orgasmes. Malgré ce que vous avez pu observer dans les films et à la télévision, moins de 25 pour cent des femmes atteignent l'orgasme durant le rapport sexuel lui-même.

La première chose à savoir au sujet de ce fabuleux petit organe, c'est qu'il réagit aux mots gentils, comme lorsque vous lui dites qu'il est beau. Alors, parlez-vous. Regardez vos organes génitaux dans le miroir et dites-vous à quel point vous êtes belle et sexy. Si vous le dites, votre clitoris le *ressentira* — et vous aussi !

Au moyen d'un lubrifiant, essayez de caresser votre clitoris en portant attention au genre de caresses (rapides ou lentes, brusques ou douces, d'avant en arrière ou en rotation) qui vous procurent le plus de plaisir et dans quel ordre. Cherchez le point précis qui est le plus sensible ; chez la plupart des femmes, il se situe à gauche, c'est-à-dire à environ 13 h 00 depuis *votre* point de vue. Alors, pratiquez avec le clitoris jusqu'à ce que vous le connaissiez vraiment, vraiment bien.

L'entrée de votre vagin comporte de nombreuses zones agréables également. Explorez toute votre vulve — le vagin, le clitoris, les lèvres (celles qui entourent le vagin) — ainsi que vos cuisses, vos seins et toutes les autres parties de votre corps. Avec le temps, vous pourrez reprogrammer votre corps pour qu'il éprouve un maximum de plaisir en étant simplement présente à le ressentir pleinement. Par exemple, la lèvre supérieure et le clitoris sont en lien direct chez les femmes (c'est ce qui rend les baisers si agréables). Essayez de passer la langue ou l'index sur votre lèvre supérieure tout en pensant à votre clitoris ou en le touchant. Il existe également un lien très étroit entre les seins et le clitoris. (La stimulation des mamelons rehausse le plaisir sexuel et augmente le flux sanguin dans la région pelvienne.)

Essayez différentes façons de toucher votre corps, par exemple le caresser en entier avec une plume douce. Qu'est-ce qui vous donne une sensation agréable… et qu'est-ce que vous trouvez *fabuleux*? À vous de découvrir!

Fantasmer constitue toujours un excellent moyen de stimuler l'excitation durant l'apprentissage sexuel personnel (ou pendant que vous faites l'amour avec votre partenaire). Ne vous retenez pas, puisqu'un fantasme, après tout, n'a pas besoin d'être quelque chose que vous consentiriez à faire. L'un des fantasmes les plus efficaces consiste à simplement vous imaginer sexy et irrésistible. (Et j'espère qu'enfin, ce n'est plus un secret : il ne s'agit pas là d'un fantasme, mais de *la réalité*!)

Pour plus d'idées sur le plaisir à se donner à soi-même, je recommande chaudement le livre *The Illustrated Guide to Extended Massive Orgasm*, de Steve Bodansky, Ph.D. et Vera Bodansky, Ph.D.

Faire connaissance avec votre point G

Bien que le point G fasse l'objet de gros débats, je vous assure qu'il existe vraiment. Il s'agit d'une zone de la taille d'une petite pièce de monnaie située à environ trois centimètres sur la paroi frontale du vagin, à peu près à mi-chemin entre l'os pubien et l'utérus. Lorsque vous êtes excitée, cette zone enfle, ce qui la rend plus facile à trouver — surtout si vous vous mettez à genoux, ou vous accroupissez pour la sentir avec vos doigts. Vous trouverez peut-être plus facile d'avoir des orgasmes multiples en stimulant ce point, alors pratiquez! (En passant, certains spécialistes disent que les femmes dans la cinquantaine obtiennent plus de plaisir par la stimulation du point G parce que leurs taux d'oestrogènes étant plus bas, la paroi vaginale est plus mince, ce qui rend le point G plus proéminent.) Le point G porte le nom de « point sacré » en Tantra, car on le considère comme le centre du Shakti de la femme, c'est-à-dire le pouvoir de la déesse.

Pour obtenir des directives détaillées, consultez *The G Spot and Other Recent Discoveries about Human Sexuality*, de Alice Kahn Ladas, Beverly Whipple et John D. Perry. Pour en apprendre davantage sur le point sacré et le Tantra, je vous recommande chaudement *Tantra : The Art of Conscious Loving*, de Charles et Caroline Muir.

Amusez-vous avec ces idées et pratiquez-les sur une base régulière. Au fur et à mesure de vos expériences, vous constaterez que votre corps physique est capable d'un plaisir sans limites, car il est tout simplement impossible de vous faire *trop* de bien. Vous verrez également que votre aptitude à éprouver de la joie dans tous ses aspects augmentera. Alors, allez-y, ne vous gênez pas !

5. Identifiez puis évacuez la colère et la négativité

La colère, le ressentiment et le doute sont les ennemis de l'excitation. Si vous voulez continuer à vous sentir délicieusement attirante et désirable, vous devez prendre l'habitude de choisir le plaisir — et cela veut dire de consciemment lâcher prise sur vos émotions négatives. Il est impossible d'éprouver du plaisir *et* de la négativité en même temps. Croyez-moi, le sang ne se rendra pas là où il doit aller (vos organes génitaux), et l'excitation tombera à plat.

Après tout, le feu ne peut pas continuer à brûler si vous cessez de l'alimenter et que vous l'éteignez en l'arrosant. Vous accrocher à la colère en ruminant votre frustration et les bonnes raisons de l'éprouver revient à éteindre votre fabuleuse flamme féminine avec de l'eau froide. Vous vous retrouvez alors en train de frissonner !

Je ne dis pas qu'il s'agit de devenir joviale à outrance, car ce ne serait pas réaliste. Éprouver toute la gamme des émotions fait partie d'une santé vibrante, mais ce qui *n'est pas* sain, c'est de rester coincée dans les émotions négatives à long terme. Éprouvez l'émotion quand elle se présente, utilisez-la de façon constructive et efficace pour changer ce qui doit l'être, puis poursuivez votre chemin. *Lâchez prise* sur la colère, le doute et le ressentiment — quel qu'il soit — et vous vous sentirez tellement mieux.

N'oubliez pas qu'il s'agit d'un processus, pas d'un événement. Vous aurez probablement l'occasion de lâcher prise sur la négativité au moins quelques fois par jour. Aussi souvent que possible, rejetez ce qui vous cause du mal-être et choisissez des pensées plus inspirantes.

Attendez-vous à de la résistance

L'une des tactiques les plus efficaces contre la négativité consiste à vous y attendre. Dès que vous décidez de mettre davantage de joie et de plaisir dans votre vie, la colère, la peine, la frustration, la culpabilité, le jugement ou le doute ont tendance à vouloir tester votre choix.

Ayez un plan B contre la négativité afin de ne pas rester coincée dedans (ou qu'elle ne reste pas coincée en *vous*) quand elle se pointe le nez. Appelez une amie, allez marcher, jouez avec le chien, regardez un bon film, ou mettez de la musique qui vous plaît et sur laquelle vous danserez toute seule en vous laissant aller. Ou alors, offrez-vous un orgasme! Cela changera votre façon de voir, radicalement! Le principe consiste à faire quelque chose qui vous procure du *bien-être* et qui garde votre énergie en mouvement plutôt que de la laisser s'enliser. Pour pouvoir vous sentir bien quand vous ressentez le contraire, vous devez activement inviter le plaisir.

Après certaines expériences très difficiles (comme le divorce ou le décès d'un proche), il est normal de laisser vivre ces sentiments en vous un certain temps avant de les libérer. Il faut les vivre pour guérir. Vivez votre chagrin, votre colère, votre tristesse. Dansez avec ces émotions et rendez-leur hommage ; mais ne les enrobez pas de sucre. Ensuite, trouvez des moyens de mettre de la joie et du plaisir dans votre vie tout en traversant les épreuves. Soyez bonne pour vous, surtout quand vous vivez des expériences troublantes. Vous feriez la même chose pour votre meilleure amie, non? Agissez de la même façon pour vous-même.

Soyez consciente que le chagrin et la peur cachent souvent d'autres émotions — comme la colère — et ne craignez pas de les vivre à fond. Par exemple, il est habituellement beaucoup plus facile d'être en colère contre certaines personnes à cause de ce qu'elles vous ont fait ou parce qu'elles vous ont trahie que de ressentir de la tristesse à l'égard de la situation. Alors, quand vous identifiez votre colère *et* votre peine, puis que vous lâchez prise, vous vous guérissez non seulement en surface, mais également au plus profond de vous-même.

Ce qui se passe ensuite a quelque chose de miraculeux. Lorsque vous renoncez à la négativité, la lumière se manifeste pour combler le vide. Plus vous arrivez à libérer de négativité (en plongeant dans les racines du mal afin de vous en débarrasser), plus la lumière pénètre et plus vous éprouvez de joie. Je vous le garantis !

Au passage, soyez également consciente du plaisir négatif. Nous avons tous une certaine fascination pour les mauvaises nouvelles, surtout quand il s'agit de quelqu'un d'autre ! C'est ce qui alimente les tabloïds. Soyez vigilante et évitez cette habitude qui draine de l'énergie (tout comme les potinages) et stoppez tout dès que vous vous en rendez compte !

Faire face au doute de soi-même

Les émotions négatives ne sont pas toutes énormes et envahissantes comme la colère et la peine. La négativité peut prendre des formes plus subtiles, comme le doute de soi et la culpabilité, mais elle n'est pas moins destructrice (sinon plus), car elle est constamment présente en arrière-plan, à la manière de la musique d'ascenseur, jusqu'à ce que nous apprenions à la faire taire consciemment.

L'un des morceaux de cette «musique d'ascenseur» que nous entendons souvent correspond à l'inconfort général de notre culture à l'égard de tout ce qui procure «trop» de plaisir. La vieille école qui stipule *qu'on n'a rien sans rien* se pointe le nez avec ses principes dépassés.

J'en suis venue à la conclusion que l'une des façons les plus primaires qu'utilise la société pour rabaisser les femmes (même inconsciemment) consiste à exercer du contrôle dans les familles. Personne mieux qu'une fille ne peut contrôler le comportement de sa mère (ou le contraire). J'appelle cela le «chaînon de la douleur» entre mère et fille.

Lorsqu'une mère commence à «trop s'amuser», souvent sa fille (surtout s'il s'agit d'une adolescente) interviendra pour essayer de la freiner dans ses nouvelles sensations sensuelles, au moyen de mots ou de gestes honteux. Elle critiquera peut-être sa façon de s'habiller ou manifestera son embarras face à son comportement. Comme nous nous préoccupons tellement de ce que nos filles pensent de nous — et que nous voulons leur amour et leur respect — nous consentons à être contrôlées et nous nous taisons. Ce comportement est presque complètement inconscient et non étudié de la part de la fille (ou de la mère, d'ailleurs).

C'est arrivé à l'une de mes amies qui était partie danser dans un club avec ses filles dans la trentaine. Mon amie commençait à vraiment s'amuser, quand l'aînée lui a dit : «Maman, personne ne veut te voir danser de cette façon!» Elle s'est alors sentie immédiatement honteuse et gênée et s'est assise. La joie avait disparu !

Quand elle m'a raconté cette histoire, je lui ai parlé de ma théorie au sujet du contrôle social et comment, bien qu'il soit pratique de blâmer notre «culture» ou la «société» pour l'oppression des femmes, le fait est que cela a lieu directement sous notre nez, dans nos propres familles. Mais cela cesse dès l'instant où nous osons dire les choses comme elles sont. (N'oubliez pas qu'il faut du courage pour avoir une vie agréable et saine !)

J'ai encouragé mon amie à défendre son nouveau moi joyeux et sensuel et je lui ai fait remarquer que cette attitude créerait un nouveau modèle non seulement pour elle-même, mais également pour ses filles. Toutes les jeunes femmes ont désespérément besoin de voir leur mère vivre pleinement, être joyeuse et sensuelle, afin qu'au moment de *leur* mitan, elles aient un modèle fort auquel s'identifier. C'est ainsi que nous créons toutes un monde meilleur pour tout le monde !

J'avais prédit qu'avec le temps, les filles de mon amie non seulement accepteraient leur nouvelle maman plus heureuse, mais finiraient par *célébrer* cette renaissance avec elle. C'est précisément ce qui s'est passé.

Éviter de douter de soi, quelle que soit la source, est un acte de pouvoir. C'est de savoir au plus profond de soi que nous méritons le meilleur que la vie puisse nous offrir, y compris revendiquer le soi érotique en chacune de nous. En réalité, notre force vitale en dépend !

Faites l'amour, pas la guerre

Il n'est pas difficile de trouver des raisons d'en vouloir à quelqu'un. Par exemple, à moins de ressembler à un super mannequin ou à une vedette de vidéoclip, il se peut que vous soyez aux prises avec des problèmes d'estime personnelle. Vous n'acceptez peut-être pas votre apparence ou vous tenez la société responsable de vous sentir comme vous vous sentez. De nombreuses femmes ont aussi été victimes de mauvais traitements sur les plans physique et affectif — souvent par des proches qui disaient les aimer.

Mais la vérité est que le fait de vous blâmer, de blâmer votre famille, les hommes en général ou la société ne changera pas vraiment grand-chose (sinon faire baisser votre taux de monoxyde d'azote). Finalement, vous faites partie soit du problème, soit de la solution. Et la façon la plus efficace de faire partie de la solution consiste à dépasser le niveau du problème. Autrement dit, concentrez-vous sur ce qui vous paraît correct et vrai et sur ce qui vous procure du plaisir (faire l'amour), plutôt que sur ce qui vous semble mauvais ou erroné ou qui prolonge la douleur (faire la guerre). Ne déclarez pas une trêve. Déclarez plutôt la victoire — *votre* victoire. Et cessez la guerre pour de bon !

6. Prenez l'engagement d'explorer régulièrement le potentiel de plaisir de votre corps

Si vous voulez revendiquer votre moi sexy, vous devez prendre un engagement absolu à l'égard de votre sensualité et de votre sexualité. Et cela signifie de materner cette partie essentielle de vous-même sur une base régulière et non pas seulement une fois de temps en temps. Vous ne vous brosseriez pas les dents un jeudi sur deux en pensant conserver des dents saines, n'est-ce pas? Bien sûr que non!

Faites tout ce qu'il faut pour vous percevoir comme une femme extrêmement sexy, sensuelle et désirable, tous les jours de votre vie. Vous découvrirez qu'en suivant un mode de vie qui maximise le monoxyde d'azote, et en vous servant du pouvoir de la pensée et des croyances positives (et sexy), vous arriverez avec le temps à entraîner votre corps à jouir plus que jamais auparavant. En réalité, il n'y a pas de limites à la quantité de plaisir que vous pouvez éprouver!

Par exemple, ce n'est pas un mythe que les femmes puissent avoir des orgasmes multiples. C'est possible pour *n'importe quelle* femme — y compris *vous*. Et parce que les hommes peuvent apprendre à jouir sans éjaculer et donc à maintenir leur érection, au mitan de la vie, ils sont capables eux aussi de connaître des orgasmes multiples.

En fait, les couples qui reçoivent une formation en orgasme prolongé (capacité multi-orgasmique) peuvent apprendre à reprogrammer leur système nerveux de manière à éprouver des orgasmes pendant une heure!

(Pour plus de renseignements et de directives détaillées à ce sujet, lisez les livres suivants : *The Illustrated Guide to Extended Massive Orgasm* de Steve Bodansky, Ph.D. et Vera Bodansky, Ph.D. ; *The Multi-Orgasmic Woman*, de Mantak Chia et Rachel Carlton Abrams, M.D. ; et *The Multi-Orgasmic Couple*, de Mantak Chia, Maneewan Chia, Douglas Abrams et Rachel Carlton Abrams, M.D.)

Je vous parle de cela non pas pour que vous ressentiez l'obligation de devenir multi-orgasmique, mais pour illustrer ce qui est possible quand vous consentez à vous engager entièrement à nourrir et à déployer votre sensualité et votre sexualité. Vous découvrirez également que prendre l'engagement de vivre comme une femme sexy et sensuelle se répercutera dans tous les aspects de votre santé en améliorant ceux-ci — le poids, le sommeil, la tension sanguine et même vos niveaux d'hormones.

La preuve existe également que bon nombre de femmes dans la cinquantaine sont susceptibles d'équilibrer leurs hormones de façon naturelle par les moyens précis dont je viens de parler : ouvrir leur cœur, entrer en contact avec leur sexualité, se permettre de recevoir du plaisir, stimuler leur excitation et accueillir plus de joie dans leur vie. (Ne vous empêchez pas pour autant d'utiliser des hormones bio-identiques si celles-ci vous font du bien.) Il en va de même pour les femmes qui comptent sur les anti-dépresseurs pour arriver à fonctionner normalement au quotidien et sur les somnifères pour pouvoir dormir. Alors, préparez-vous à améliorer votre santé, dès maintenant !

Ne vous contentez pas d'avoir
des rapports plus fréquents

Si vous avez un partenaire, explorez votre sensualité ensemble sur une base régulière, afin de découvrir ce que vous aimez bien et ce qui vous plaît encore plus. Ne vous limitez pas à parler du rapport lui-même, car la sexualité s'exprime de bien d'autres façons. Et ne vous contentez pas non plus de vous concentrer sur « l'objectif » de l'orgasme. Il s'agit de viser simplement à maximiser le plaisir et à porter également attention à toutes les sensations agréables dans votre corps. N'oubliez pas que tout ce à quoi vous portez attention s'amplifie.

Échangez des massages des pieds ou des épaules, laissez votre partenaire vous donner un bain parfois. Se doucher ensemble est souvent délicieusement sensuel : caressez-vous en douceur et lentement et utilisez des produits de bain qui sentent divinement bon.

Entretenez le romantisme en prévoyant des sorties spéciales ou des dîners intimes à la maison, avec des bougies et de la musique. Écrivez-vous des petits mots d'amour, offrez-vous l'un et l'autre des fleurs ou posez toutes sortes d'autres gestes pour manifester votre tendresse et votre affection. Dansez ensemble dans votre living ! Pensez tout le temps à de nouvelles façons de vous connecter l'un à l'autre et d'exprimer votre amour, en dehors de la chambre. Et ne vous limitez pas à la Saint-Valentin ou à votre anniversaire de mariage !

Ajoutez de la créativité et de la nouveauté à votre manière de faire l'amour aussi. Une femme que je connais adore que son partenaire lui pose une écharpe en soie sur les yeux avant de la caresser lentement. Le fait d'avoir les yeux bandés amplifie ses sens et stimule l'anticipation, car elle ne sait jamais quelle sorte de caresse voluptueuse va suivre.

Restez ouverte à différentes façons de plaire à l'autre sexuellement en dehors du coït, y compris le sexe manuel et oral. N'oubliez pas que seulement 25 pour cent des femmes connaissent régulièrement l'orgasme par la pénétration; les autres ont besoin d'une stimulation clitoridienne plus intense.

Quand vous avez un rapport, essayez des positions différentes. Je recommande la position dans laquelle la femme est à califourchon, car cela stimule le clitoris au maximum. Bougez pour trouver la meilleure source de plaisir et la meilleure façon. Dans cette position, il est plus facile de stimuler vous-même votre clitoris avec vos doigts ou, à l'occasion, au moyen d'un vibrateur (quoique, avec le temps, chez certaines femmes, le vibrateur endort la sensation. Je ne recommande donc pas de l'utiliser sur une base régulière.)

Il est par ailleurs essentiel de vous sentir à l'aise de dire ce qui vous plaît le plus au lit et de guider votre partenaire. La meilleure façon d'y arriver consiste à réagir positivement chaque fois qu'il pose un geste qui vous procure du plaisir — comme «Ohhh, j'aime ça... Continue. Encore...». Croyez-le ou non, les mots et les sons amplifient les sensations agréables en raison de la connexion étroite entre le cerveau, la gorge et les organes génitaux. Émettre des sons et réagir verbalement peut demander un peu de pratique, mais cela en vaut la peine.

Au début, si vous n'êtes pas habituée à vous exprimer aussi franchement et que l'idée même de le faire vous gêne, je vous suggère de commencer à lire des romans érotiques avec votre partenaire. Il peut être beaucoup moins intimidant de lire tout haut les mots érotiques d'un auteur que d'en prononcer de votre propre cru.

Vous découvrirez probablement que votre partenaire sera d'accord pour partager ces moments, car croyez-moi, il *veut* vous faire plaisir. Les hommes détestent demander leur chemin quand ils sont au volant, mais c'est seulement parce qu'ils ont tendance à se sentir légèrement menacés lorsqu'ils ne sont pas maîtres de la situation. Si vous guidez subtilement votre amant sur le chemin de votre plaisir en l'encourageant pour chaque geste et chaque caresse qui vous plaît, vous l'aiderez ainsi à être *vraiment* maître de la situation, d'une manière entièrement nouvelle (et très intime). (Pour plus de renseignements pratiques, lisez *Mama Gena's Owner's and Operator's Guide to Men*, de Regena Thomashauer, ou mieux encore, inscrivez-vous à l'un de ses cours en consultant le site : **www.mamagenas.com**)

Partager et réagir ainsi, ouvertement et franchement, améliore n'importe quelle relation amoureuse et peut parfois même sauver un mariage ! Des études démontrent en effet que les femmes qui s'affirment sexuellement (c'est-à-dire qui demandent ce qu'elles veulent) ont une plus grande libido, éprouvent plus d'orgasmes et sont plus satisfaites de leur vie sexuelle et de leur relation amoureuse. (Voilà pourquoi je suggère de ne jamais simuler un orgasme. Non seulement c'est contre-productif, mais cela vous retire à tous les deux le plaisir authentique et l'intimité réelle.)

Prendre la responsabilité de votre propre plaisir au lit est une partie importante de la revendication et de la célébration de votre nature sensuelle. Lorsque vous garderez à l'esprit que *vous* êtes la source de votre extase sexuelle, vous intégrerez automatiquement la sexualité dans votre vie pour en faire une activité régulière, joyeuse et génératrice de vitalité, avec ou sans partenaire. Ça ne dépend que de vous.

Le temps ne compte pas

Si votre vie sexuelle n'est pas aussi satisfaisante que vous le souhaiteriez, c'est sans doute parce que vous êtes trop concentrée sur l'objectif d'atteindre l'orgasme. Durant le rapport sexuel, avez-vous des pensées du genre : *Il faut que j'y arrive, ça prend trop de temps... Je sais qu'il veut que je l'atteigne, mais ça me prend trop de temps. Que va-t-il penser de moi ? Qu'est-ce qui ne va pas chez moi ? Pourquoi ne puis-je pas simplement prendre mon pied rapidement ?*

Chaque fois que vous avez ces pensées d'impatience, chacune des 8 000 terminaisons nerveuses de votre clitoris s'éteignent! Essayer d'atteindre l'orgasme tout en ayant ces pensées à l'esprit revient à essayer d'allumer une allumette sous une pluie torrentielle. Rappelez-vous : vos objectifs sont le plaisir sensuel, l'intimité et un sens de la proximité, lesquels peuvent ou non inclure l'orgasme. Alors, détendez-vous, oubliez l'heure et apprenez l'art de *recevoir* du plaisir.

Parlant de vitesse, il n'y a certainement rien de mal à un «coup rapide» de temps en temps. (Passer rapidement de 0 à 100 km/h peut d'ailleurs être très stimulant à l'occasion!) Mais assurez-vous de consacrer aussi tout le temps nécessaire, et sans interruption, aux moments où vous pouvez y aller au ralenti et simplement jouir du processus. Exercez-vous à rester dans l'instant présent et à savourer la délicieuse sensation d'être touchée, caressée, embrassée et aimée sans but précis — comme atteindre l'orgasme. Vera Bodansky, Ph.D., co-auteur de *The Illustrated Guide to Extended Massive Orgasm*, enseigne que l'orgasme commence à la première caresse. Redéfinir celui-ci de cette façon retire beaucoup de pression!

Il y a cependant un moment où non seulement c'est une bonne chose de regarder l'heure, mais hautement recommandé : lorsque vous comptez les heures ou les minutes qui vous séparent d'un rendez-vous sensuel. Oubliez l'idée qu'un bon rapport sexuel doit être spontané, car le planifier est très excitant. Vous donner rendez-vous pour faire l'amour permet d'y avoir hâte toute la journée qui précède. Fantasmer *fait partie* des préliminaires, après tout!

Armes sensuelles secrètes

Tandis que vous apprenez à faire de votre sexualité et de votre sensualité une priorité, examinez les autres options pour mettre du piquant au lit et vous procurer des moments sexuels fabuleux.

Par exemple, vous pourriez songer à vous amuser avec les phéromones, des molécules sexuelles sécrétées naturellement par diverses glandes et qui lancent une sorte de message subliminal. La biologiste spécialiste de la reproduction, Winnifred Cutler, Ph.D., fondatrice de l'*Athena Institute for Women's Wellness Research*, a été l'un des premiers chercheurs à étudier comment les humains produisent ces sécrétions chimiques et y réagissent.

Après la ménopause, affirme-t-elle, les femmes sécrètent moins de phéromones que durant l'ovulation. Mais ne soyez pas consternée pour autant. Le docteur Cutler a commercialisé un produit appelé Athena Pheromone 10 : 13, que vous pouvez ajouter à votre eau de toilette. Ne vous inquiétez pas, les phéromones sont inodores et n'affecteront donc pas votre parfum. C'est dans l'attention que vous susciterez auprès des hommes que vous remarquerez un changement.

Plusieurs recherches appuient l'effet produit. Dans une étude à double insu et contrôlée par placebo, publiée en 2002 par des chercheurs de l'Université d'État de San Francisco, 74 pour cent des femmes qui avaient utilisé le produit ont été perçues par les hommes comme étant plus attirantes sexuellement. Résultats plutôt intéressants!

Si vous décidez d'en faire l'essai, pourquoi ne pas proposer à votre partenaire d'utiliser les phéromones que le docteur Cutler fabrique à l'intention des hommes et qui s'appellent Athena Pheromone 10X? Et voyez si cela vous excite davantage! (Pour plus de renseignements, consultez le site du docteur Cutler, www.athenainstitute.com. J'aime bien utiliser également les produits aux phéromones disponibles au www.love-scent.com, dont certains se présentent sous forme de lingettes enveloppées dans du papier d'aluminium.)

Une autre arme sensuelle secrète que je recommande à toutes les femmes consiste à renforcer le muscle pubococcygien. Il s'agit du muscle que vous contractez pour stopper le flot d'urine, et c'est également le principal muscle qui se contracte dans l'orgasme. Renforcer celui-ci augmente le flux sanguin dans la région pelvienne, améliore la lubrification vaginale, contribue à traiter l'incontinence d'urine due au stress et permet des orgasmes plus puissants. Sans compter que c'est plus excitant pour votre partenaire durant le rapport sexuel.

Vous pouvez commencer à entraîner votre muscle pubo-coccygien au moyen du simple exercice de Kegel, en contractant le vagin. Saida Désilets signale qu'à l'origine, le docteur Kegel ne suggérait que quelques contractions par jour plutôt que les «3 séries de 20» qui étaient enseignées. Trouvez ce qui vous convient le mieux. Le principe consiste à apprendre à connaître vos muscles pelviens. Je précise au passage que vous pouvez faire l'exercice de Kegel n'importe où et n'importe quand : au volant de votre voiture, devant la télé, en cuisinant, en prenant un bain ou même en ligne à la caisse. Ne vous inquiétez pas, personne ne le saura ! Si vous le faites fidèlement et que vous avez des pensées sexy au même moment, vous commencerez à constater une différence en seulement quelques semaines, et je vous assure que vous n'aurez jamais trouvé exercice de musculation plus amusant.

Une autre façon de renforcer le muscle en question consiste à utiliser des poids vaginaux de 15 à 100 g, en forme de cônes. Basée sur des techniques chinoises ancestrales, cette méthode comporte l'insertion de l'un des deux poids dans le vagin et de sa rétention durant au moins cinq minutes deux fois par jour, en augmentant graduellement jusqu'à 15 minutes deux fois par jour. Lorsque cela devient facile, vous passez au second poids, plus lourd. La plupart des femmes constatent une différence au bout de quatre à six semaines. De nombreux thérapeutes se servent de cette technique pour aider les femmes aux prises avec un problème d'incontinence urinaire. D'après mon expérience, cette méthode est très efficace, surtout dans les cas d'incontinence urinaire due au stress. (Consultez « poids vaginaux » sur Google pour trouver une source.)

Une autre technique que j'encourage fortement est l'utilisation d'un œuf de jade (disponible sur le site **www. thedesiletsmethod.com**). Saida Désilets enseigne des exercices précis à pratiquer avec l'œuf de jade dans son livre *Emergence of the Sensual Women*, ainsi que sur son CD de pratiques avec l'œuf de jade.

Cessez de compter les points

Pendant que vous explorez la sensualité et la sexualité du mitan de votre vie, n'oubliez pas qu'il ne s'agit pas d'un jeu où l'on compte les points. Connaître une sexualité saine, ce n'est pas avoir un nombre précis d'orgasmes ou de rapports sexuels par semaine. Ne confondez pas la qualité avec la quantité. Par exemple, une étude récente effectuée par l'université de Chicago démontre que de nombreux couples qui n'ont que trois relations sexuelles par mois sont entièrement satisfaits ainsi. Tant mieux pour eux !

Visez à partager une réelle intimité avec la sexualité plutôt que de simplement avoir des rapports sexuels. Dans notre culture, les femmes sont encouragées dès l'enfance à ouvrir leur cœur « supérieur » (celui qui se trouve dans la poitrine) et à fermer leur cœur « inférieur » (les organes génitaux). Résultat : nous avons tendance à suivre notre cœur et à donner des tonnes d'amour et d'affection à notre partenaire… et à nous retenir sexuellement. Pour les hommes, c'est exactement l'inverse : ils ont tendance à fermer leur cœur supérieur, à nous en refuser l'accès, mais sont beaucoup plus ouverts sur le plan sexuel. Pour pouvoir connaître la véritable intimité et une sexualité épanouie, les hommes et les femmes doivent apprendre à se servir de leurs deux sortes de cœur.

Si un homme recherche une véritable intimité avec une femme, il doit lui faire la cour avec des mots tendres, de l'attention et de l'affection. Celle-ci se sentira alors suffisamment enveloppée de sécurité pour s'abandonner sexuellement. En revanche, si une femme souhaite gagner le cœur vulnérable d'un homme, elle doit l'aborder avec la même tendresse qu'elle attend de lui. Si elle le critique ou lui trouve des défauts, l'homme protégera son cœur, tandis que si elle en fait son héros, il se sentira suffisamment confiant pour lui ouvrir son cœur.

Saida Désilets, qui est spécialiste en énergie sexuelle féminine, explique qu'il est possible de constater cela sur le plan anatomique. Les organes génitaux masculins sont à l'extérieur et la sexualité prédomine (tandis que les organes génitaux féminins sont cachés à l'intérieur). En revanche, la poitrine des femmes est à l'extérieur — le cœur et l'affection prédominent (tandis que le cœur des hommes, comme les organes génitaux des femmes, est beaucoup moins en évidence).

Pour vivre une santé éclatante, vous devez vous engager non seulement à avoir des rapports sexuels, mais également à nourrir votre énergie sexuelle afin de faire l'amour sur plusieurs niveaux. Cela maintient le flot d'énergie vitale et encourage des liens tendres avec vous-même, votre partenaire (le cas échéant) et le reste du monde. C'est là le contrat global de l'esprit, du corps et de l'âme !

7. Vivez de façon à enthousiasmer les autres, à les motiver et à les encourager à devenir meilleurs et en excellente santé

Quand vous commencez à vibrer, que votre vie devient excitante et exaltante, une chose étonnante se produit : non seulement cela vous procure (ainsi qu'à votre partenaire, le cas échéant) une énorme quantité de plaisir et de bonheur, mais vous constatez également l'effet positif sur tout votre entourage. Pour tout dire, votre apparence rayonnante devient carrément contagieuse !

L'effet est similaire à ce qui se passe quand vous êtes de bonne humeur. Vous avez sans doute déjà pu observer que votre humeur joyeuse peut ramener le sourire chez quelqu'un, mais je parle ici de répercussions beaucoup plus profondes et plus puissantes que de répandre le sourire autour de vous.

Lorsque vous vous engagez à découvrir, à nourrir, puis à vivre votre véritable passion, c'est comme si vous allumiez le feu dans votre âme. C'est vraiment le cas, puisque vous êtes allumée par le monoxyde d'azote ! Les autres vous perçoivent alors non seulement comme quelqu'un de bien dans sa peau, mais également heureuse avec vous-même et constamment à l'affût d'une joie nouvelle. Résultat : *vous* inspirez les autres à faire de même. Et eux aussi finissent par faire des choix plus sains qui nourrissent leur corps, leur esprit et leur âme. Et ainsi la joie se propage !

Devenez une source de plaisir pour les autres

Mais ce n'est que le début. Plutôt que de vous contenter d'être un exemple — aussi puissant que cela puisse être — pourquoi ne pas devenir également une *source* de plaisir pour les autres ? Vous constaterez rapidement qu'il ne faut que peu d'efforts et que ce peut être très amusant.

Par exemple, faites plus souvent des compliments à ceux qui agissent bien. Nous sommes si habituées à n'obtenir des réactions que lorsque nous faisons quelque chose de travers ou que nous déplaisons à quelqu'un. Pourquoi ne pas dire à certaines personnes que vous appréciez ce qu'elles ont fait et tout de suite ? (Cette approche est également très efficace avec les membres de la famille, surtout le conjoint et les enfants.) On dit qu'une attitude de gratitude crée de l'espace pour la grâce et je crois qu'il y a beaucoup de sagesse dans cette pensée.

Il est possible d'adopter la même attitude quand vous avez quelque chose de négatif à exprimer. Par exemple, vous êtes au restaurant et le garçon met trop de temps à vous servir votre repas ; de plus, quand le plat arrive, il est froid. Plutôt que de vous énerver, vous pouvez choisir de dire avec votre plus beau sourire : « Ce plat m'a l'air délicieux, mais il est un peu froid. Auriez-vous l'amabilité de me le réchauffer ? » En ne manifestant pas votre colère, vous épargnez votre tension sanguine et évitez que les hormones du stress parcourent vos veines, ce qui diminuerait votre taux de monoxyde d'azote. En même temps, vous inspirez des sentiments d'appréciation et de confiance chez les autres, ce qui contribue à maintenir leurs taux de monoxyde d'azote. Sans compter que les gens sont plus susceptibles de vouloir vous faire plaisir lorsque vous faites la même chose pour eux! Tout le monde y gagne!

Je crois beaucoup également aux compliments spontanés. Si je croise une femme dont la tenue, la coiffure ou les bijoux sont particulièrement intéressants, je lui en fais part Je la complimente rapidement, mais sincèrement. Je fais de même pour les hommes et les enfants.

Lorsque vous vous comportez de cette façon, ce qui se passe en fait, c'est que vous démarrez une chaîne d'émotions positives. La personne que vous complimentez sera probablement vraiment touchée, surtout s'il s'agit de quelqu'un que vous ne connaissez pas et qui ne s'y attend pas. Ensuite, cette personne dont l'estime personnelle aura monté d'un cran sera mieux disposée à continuer à faire circuler la joie.

Plus vous répandrez du plaisir chez les autres, plus vous en ressentirez vous-même, et plus le monde qui vous entoure sera joyeux et en bonne santé. C'est à cause de la Loi de l'attraction, qui stipule que tout ce à quoi vous portez attention s'amplifie. Par conséquent, lorsque vous consacrez du temps à vous concentrer sur la joie et le plaisir, vous en attirez encore plus vers vous ainsi que sur tous ceux que vous rencontrez. En très peu de temps, vous commencerez à voir la beauté sous plusieurs formes et des occasions de plaisir partout où vous irez. C'est une spirale ascendante!

Devenir globale

L'idée d'être une source de plaisir pour les autres ne se limite pas aux compliments et aux remarques ponctuelles et positives. Vous pouvez en fait vous servir de la joie pour contribuer à transformer le monde. Rappelez-vous le vieil adage «Si maman n'est pas contente, tout le monde en pâtira». L'inverse est vrai également. Lorsque les femmes sont heureuses, tout leur entourage se sent bien également. C'est comme si une vague de tendre gentillesse se déversait et touchait tous les êtres vivants sur la planète.

Pensons-y un moment. En raison de leur biologie, les femmes représentent la principale source maternante dans le monde, n'est-ce pas ? Nous maternons tout le monde autour de nous, pas seulement nos enfants. Cela fait partie de notre ADN !

En conséquence, pouvez-vous imaginer la différence entre être materné par une femme pleine de vitalité et recevoir les mêmes soins d'une autre qui ne fait que passer à travers la journée ? Les femmes qui se sont épanouies au mitan de leur vie nourrissent en fait la force vitale de toutes les personnes qu'elles rencontrent, qu'elles en aient conscience ou pas.

Voilà pourquoi lorsque des femmes fournissent temps et efforts pour soutenir sincèrement d'autres femmes, elles y trouvent une gratification (nous savons toutes cela). N'avez-vous pas déjà éprouvé l'incroyable pouvoir positif qui se dégage d'un groupe d'amies ? À la fin de la rencontre, nous nous sentons toujours infiniment mieux qu'au début et impatientes de nous retrouver à nouveau, une prochaine fois. Ce n'est pas par hasard !

Le monde a besoin de plus de beauté et de lumière présentement. La santé de la planète dépend de notre propre bonheur, de notre joie et de notre plaisir, car nous contribuons ainsi à enrichir la force vitale de tous les êtres vivants. Donner et recevoir du plaisir est un mode de vie qui aide chacun et chaque chose.

Alors, allez-y ! La seule chose que vous avez à perdre en suivant votre cœur, c'est votre souffrance (et peut-être deux ou trois kilos) — et *cela* vaut certainement la peine de s'en réjouir.

Les 7 clés pour accéder à une sexualité et une sensualité épanouies après la ménopause

1. Devenez une fervente exploratrice de votre propre plaisir.

2. Allumez le désir en vous!

3. N'oubliez pas qu'une femme excitée est irrésistible!

4. La pratique garantit le plaisir!

5. Identifiez, puis évacuez la colère et la négativité.

6. Prenez l'engagement d'explorer régulièrement le potentiel de plaisir de votre corps.

7. Vivez de façon à enthousiasmer les autres, à les motiver et à les encourager à devenir meilleurs et en excellente santé.

Postface

Alors maintenant, vous connaissez le secret d'une vie voluptueuse, saine et agréable ainsi que d'une sexualité épanouie.
Ce secret est très précieux et peut être facilement saboté par
les doutes, les peurs et les perceptions erronées. Pour vous
en protéger, je vous propose quelques énoncés conçus pour
maximiser le taux de monoxyde d'azote chaque fois que
vous lirez les mots qui suivent et en ressentirez les effets
dans votre corps. En tant que médecin, je vous prescris de
lire cette liste quotidiennement!

- Votre corps est en état de désir et reste en bonne santé grâce à de hauts niveaux de monoxyde d'azote. Cette molécule est, presque littéralement, *l'étincelle de vie* et une fontaine de jouvence.

- Votre corps a été conçu pendant une explosion de monoxyde d'azote. Tous les plaisirs sains et durables saturent votre corps et votre cerveau de monoxyde d'azote vivifiant. L'orgasme est particulièrement puissant à cet gard.

- Votre sexualité et la réaction orgasmique sont des exemples de la façon dont l'énergie créatrice se déploie dans votre corps. Vous avez constamment accès à cette énergie orgasmique vitale et pouvez apprendre à la diriger consciemment pour guérir votre corps et votre vie. Il suffit de consentir à accueillir dans votre vie de plus en plus de plaisir générateur de monoxyde d'azote, à partir de maintenant.

- Le secret d'une vie saine, heureuse et sensuelle commence par des pensées affectueuses, sexy, inspirantes, douces, aimantes et positives à votre égard et envers les autres, jour après jour. Ces pensées augmentent instantanément vos niveaux de monoxyde d'azote.

- D'autres moyens pour maximiser le monoxyde d'azote consistent à absorber des aliments colorés, frais et biologiques, à faire de l'exercice régulièrement et à prendre quotidiennement des suppléments alimentaires équilibrés et de haute qualité.

- Vous êtes capable d'éprouver des quantités illimitées de plaisir, parce que votre corps a été conçu ainsi.

- Vous devez régulièrement vous libérer du ressentiment, de la colère et des vieilles blessures, car c'est essentiel pour pouvoir éprouver plus de plaisir et de joie.

- Les meilleurs rapports sexuels avec un partenaire n'ont lieu que lorsqu'il y a engagement, confiance et vulnérabilité dans la relation amoureuse.

- Vous devez consentir à vous abandonner à la magie du plaisir, de la joie et de l'amour.

- Votre plaisir et votre joie sont les forces de guérison qui inspirent et réchauffent le cœur de tout le monde autour de vous et qui contribuent également à soigner toute la planète.

Je vous souhaite maintenant d'avoir le courage d'aller de l'avant et de vivre dans le bonheur et dans la joie — en devenant l'incarnation divine de tout ce qui est bon, inspirant, nourrissant et passionnant.

Remerciements

Mes trois premiers livres, comportant chacun plus de 600 pages bien documentées, ont été le résultat de nombreuses années de travail héroïque acharné. Je connais bien le chemin du dur labeur et j'ai beaucoup de respect pour celui-ci. Mais je savais également que le moment était venu d'essayer une approche différente, plus féminine. Plus subtile. Il y a environ un an, un désir a pris naissance : je voulais écrire un ouvrage sur la façon dont le plaisir guérit le corps. Je savais que le processus d'écriture devait correspondre au sujet. Puisque c'est la façon de faire qui engendre le résultat, je voulais que le matériel vienne à moi et me traverse joyeusement et sans efforts.

J'ai commencé à potasser quelques idées — et j'ai même créé une grosse table des matières. (Oui, je crois bien que j'étais sur le point d'écrire une quatrième « brique ».) C'est alors que l'univers est intervenu et que je suis miraculeusement entrée en contact avec les docteurs Ed Taub et Ferid Murad ainsi qu'avec Dave et Deb Oliphant. Ensemble, nous avons trouvé une façon extrêmement agréable de combler tous mes désirs pour mon quatrième livre. Et, Dieu soit loué, j'ai également appris à écrire un livre moins volumineux ! Merci à vous, Dave, Deb, Ed et Ferid.

Je suis également reconnaissante aux personnes suivantes :

Katy Koontz, pour ses compétences exceptionnelles sur les plans éditorial et organisationnel. Katy — tu m'as permis d'avoir un réel plaisir à rédiger ce livre !

Mon équipe à Hay House : Reid Tracy ; Kristina Tracy (qui a organisé la séance photo de la couverture et l'a rendue tellement amusante à faire) ; Donna Abate ; Margarete Nielsen ; Jill Kramer ; Christy Salinas ; et Louise Hay, un mentor étonnant qui sait diriger de main de maître pour préparer le terrain.

Charles Bush, pour avoir créé une séance photo sans efforts pour la couverture et plus encore ; et Lori Sutherland, la duchesse de la finesse, pour son aide magnifique lors de la séance photo.

Nancy Levin et son mari, Chris Rauchnot, pour avoir été des superstars dans l'organisation des conférences.

Judie Harvey, pour son enthousiasme, son soutien et ses merveilleuses compétences en édition.

Regena Thomashauer, fondatrice de la *Mama Gena's School of Womanly Arts*, dont l'école m'a fourni, ainsi qu'à mes filles, le laboratoire idéal où apprendre, pratiquer et perfectionner la discipline et l'art raffiné du plaisir.

Doris Cohen, Ph.D., dont les conseils spirituels continuent d'apporter à ma famille et à moi-même tant de paix et de joie.

Sue Abel, pour m'avoir aidée à créer de la beauté et de l'ordre dans ma maison. Je vous apprécie énormément.

Janet Lambert, pour veiller sur mes finances grâce à ses compétences en tenue de livres ; et Paulina Carr, pour avoir consenti à faire tout ce qu'il fallait pour que mon organisation fonctionne.

Chip Gray et le personnel du Harraseeket Inn à Freeport, dans le Maine, pour m'avoir préparé tant de repas délicieux et sains dans un décor si agréable et m'avoir fourni quelques suggestions ingénieuses quand j'en avais besoin. Merci aussi d'avoir procuré de magnifiques chambres à tant de mes collègues, amis et membres de la famille.

L'incroyable et légendaire Diane Grover, mon aide à tout faire, qui est à mes côtés depuis presque 30 ans pour transformer mes idées en réalité. Diane, que puis-je dire ? Tu es tout simplement étonnante et fabuleuse. Et je te suis *tellement* reconnaissante.

Mes deux filles, Annie et Katie, mes plus fidèles supporters durant ma renaissance à la cinquantaine et qui sont en quête d'une vie remplie de plaisir, de joie, d'intégrité et d'abondance.

Finalement, je me suis reconnaissante d'avoir su attendre que le bon sujet, le bon format et les bonnes personnes soient réunis, grâce à la force du désir divin qui m'habitait au départ. Demandez et vous recevrez... C'est vrai, en effet... Il s'agit d'y ajouter de la foi et de la patience.

Au sujet de l'auteure

Christiane Northrup, M.D., est une pionnière visionnaire et une autorité respectée dans le domaine de la santé et du bien-être des femmes. Elle a acquis sa formation de médecin spécialiste en obstétrique et en gynécologie au Darthmouth Medical School et fait sa résidence au Tufts-New England Medical Center. Le docteur Northrup a également occupé le poste d'enseignante clinique adjointe en obstétrique et gynécologie au Medical Center du Maine durant plus de vingt ans. Le docteur Northrup reconnaît l'unité du corps, de l'esprit et de l'âme et considère important d'aider les femmes à prendre le pouvoir sur elles-mêmes afin de se mettre en accord avec leur sagesse intérieure innée pour transformer leur santé et s'épanouir pleinement

Auteure de deux livres inscrits sur la liste des best-sellers du *New York Times*, *La sagesse des femmes* et *La sagesse de la ménopause* (AdA, édition révisée). Son troisième livre, *Mother-Daughter Wisdom* (Bantam, 2005) a été en nomination pour le Quill Award et primé «livre de l'année» par Amazon.com, dans les domaines de l'éducation parentale et de la santé corps/esprit.

Le docteur Northrup a par ailleurs animé six émissions spéciales à PBS qui ont eu beaucoup de succès. La plus récente, *Menopause and Beyond : New Wisdom for Women*, est entrée en ondes dans tous les États-Unis en mars 2007. Ses travaux ont fait l'objet d'une attention particulière dans *The Oprah Winfrey Show*, les émissions *Today*, *NBC Nightly News with Tom Brokaw*, *The View*, *Rachel Ray* et *Good Morning America*. Pour plus de renseignements, consultez son site **www.drnorthrup.com**.